“十三五”国家重点出版物出版规划项目

图解服务的细节

040

すぐわかるスーパーマーケット　精肉の仕事ハンドブック

生鲜超市工作手册 肉禽篇

海量图解日本生鲜超市先进管理技能

[日]《食品商业》编辑部 编
余湘萍 译

人民东方出版传媒
People's Oriental Publishing & Media
東方出版社
The Oriental Press

目录

前言

长期以来，在超市工作的员工们作为主力军，从事制作商品与布置柜台的工作，我们的职场今后仍然离不开这些员工的辛勤劳作。

但企业对于为最大限度地激发员工工作能力应采取的措施，还相对滞后。

虽然有些企业已经开始聘用临时工为部门负责人或正式员工，也有些企业通过充分倾听员工的心声，来赢得消费者的支持。

但这些举措都远远不够。

超市要致力于对员工进行“正确引导、正确评价”，员工则要以积极的态度“努力学习，为顾客服务”，只有将这两方面相结合，才能经营好超市。

如果不能培养和提高员工的积极性，就不能给超市带来利润。

本书旨在为这些生鲜超市的一线员工提供岗位培训以及供员工自主学习的教材。

以“生鲜食品教科书系列”之《蔬果教科书》《水产教科书》《肉禽教科书》《日配教科书》为基础对本书进行了改编和大幅度调整，加入了适用于生鲜超市所有部门的重要卫生管理知识、标识规则等内容。

超市人才短缺的时代已经到来。

超市要采取对人才进行正确引导、评价的举措，员工要自主学习、积极向上，只有将这两方面结合起来，才能解决企业人才短缺的难题。

我们坚信在职场工作的每位员工都会迎来辉煌的未来。

2014 年春

株式会社商业界《食品商业》编辑部

第1章

肉禽部门的“工作”基础

肉禽部门的“工作”基础

肉禽部门的“工作”基础在于“操作”和“商品”。首先，我们来学习一下工作的“场所”和“工具”。

在生鲜加工中心（process center=PC），批量生产的产品是指在店外包装的商品，在店内操作间生产的产品叫作店内加工商品。下面我们来介绍一下生产店内加工商品的后备存储室的构造。

后备存储室的功能中有非常重要的3点：

①清洁卫生。

②安全，能够让人安心作业。

③作业效率、生产率高。

第6页、7页是以“（材料、器械的）定位管理”“（负责人的）定位作业”为前提的布局设计范本。

抓住顾客对蔬果卖场的需求

①肉禽部门的后备存储室大体上被分成“冷藏间（原料间）”“冷冻间”“操作间”3个房间。

以第6页、7页所示的后备存储室为例，介绍3个特征。

第一个是“冷温室”。因“生食、冷盘”需求量的扩大，设置了制造生食用商品的“生食用专用室”。为了将生烤牛肉、烤牛肉等切成薄片，需要设置专门的房间作为操作间，并进行彻底的新鲜度管理和温度管理，以减少细菌量。

第二个是“烤肉间”。新商品范畴的“照烧肉”也包括照烧鸡腿、可乐饼等高温加工食品。不仅要有制作生烤牛肉等的生食“冷温室”，还要有制作炒菜、煎炸食品的“烤肉间”。

第三个是“预冷间”。肉禽操作间的温度通常被设定在 15℃至 18℃，所以被切成薄片的商品、手工切的肉等通常要放在冷藏间（原料间）进行预冷。但在冷藏间（原料间）存取商品时，或交付的商品入库时，客户穿着满是细菌的服装直接进入冷藏间的情况很常见。考虑到卫生因素，根据进货流程制作一个专用操作间是有必要的。

“服装、工具”的基础知识（仪容仪表）

“卫生管理的第一步”从“仪容仪表”开始

提供安全、安心的食品对于卫生管理来说是必不可少的。对肉禽进行加工作业时，卫生管理的第一步就是注意仪容仪表。作业前一定要正确着装。

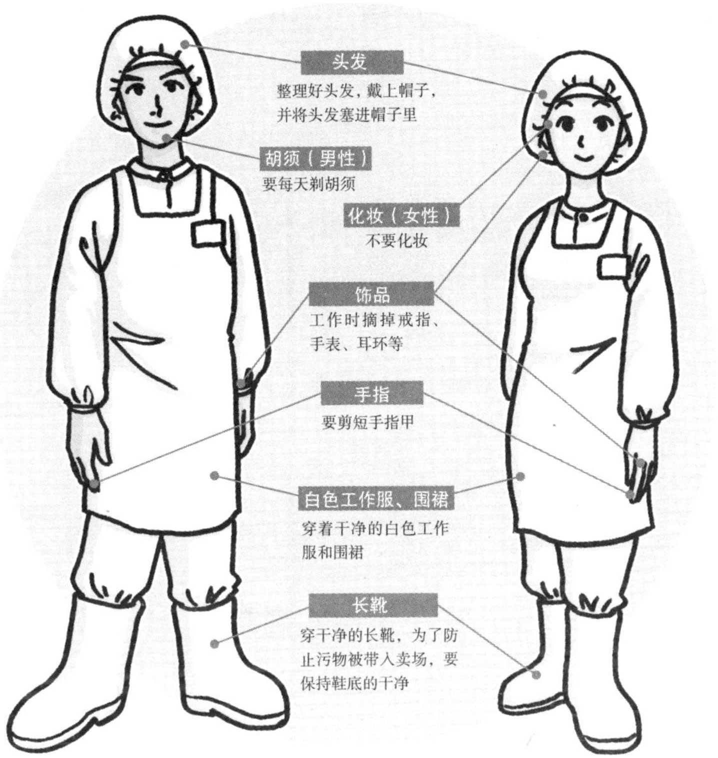

“洗手”的规则

·洗手时，手腕和肘的中间位置都要用洗手液好好清洗，并用流水冲洗干净。

·手指甲要用指甲刷仔细刷洗。

·洗完手后，要用纸巾把水分擦干。

·洗完手后要用酒精消毒液对手指进行消毒。

·使用酒精消毒液后，要让手自然晾干。因为如果擦干手上的消毒液，会降低消毒效果。

·确认手指上是否有伤口，如果有，一定要戴橡胶手套。

肉禽部门的“操作间构造”

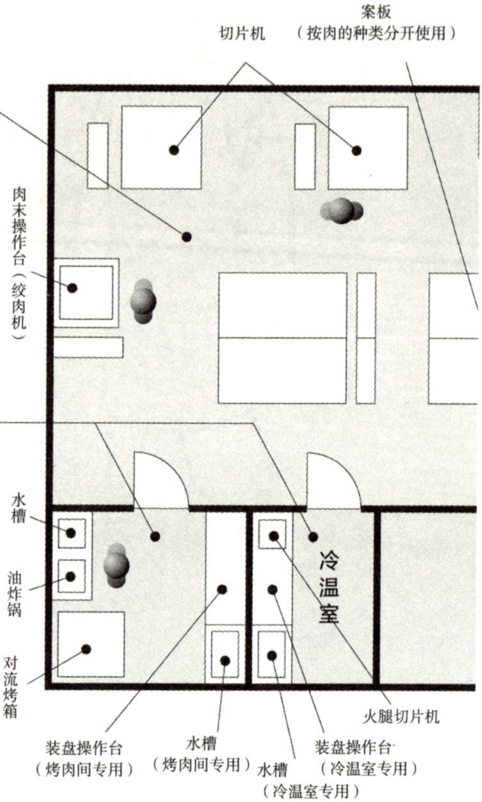

●操作间　温度 15℃～18℃

这里是处理、加工肉禽，对所有商品包保鲜膜、进行标价的场所。

配有完备的自动包装机（auto packer）、称重包装机、切片机、绞肉机、个体识别号码打印机等。案板至少要配备三块，切牛肉、猪肉、鸡肉的案板要区分开。

切牛肉和猪肉也有用同一块案板的时候，但换切不同种类的肉时，一定要对案板进行清洗。切片机只有一台的话，从切牛肉变为切猪肉的时候，也要进行简单的清洗。

●生食间（冷温室、烤肉间）

设置在与外部接触较少的操作间的最里面。内部工具包括案板、刀具、生食专用工具，同时要配备生食间专用的水槽，做到完全与外部区分作业。

■冷温室　温度 5℃～10℃

这个房间是整个后备储存室细菌数量最少的房间。设有洗手杀菌处、生食专用水槽、生食专用操作台（包括案板），用于制作生烤牛肉、刺身、生烤鸡肉、烤牛肉、牛肉冻、烤火腿、培根、生火腿片，沙拉也在这里制作。

这里要进行彻底的卫生管理和温度管理，温度设定在10℃以下。

■烤肉间　温度 15℃～18℃

用于制作照烧肉，烧、炸、烤等热食。

设有洗手杀菌处、烤肉间专用水槽、生食用操作台（包括案板）、对流烤箱、炉灶、油炸锅，制作煮猪肉、烤猪肉、可乐饼、调味鸡腿、烤鸡肉串、烤牛肉、生烤肉等食品。

●冷藏间（原料间）　温度 -4℃～4℃

冷藏间是食品原材料最先到达的场所，杂菌很多。所以地板要进行定期打扫，商品的放置位置距离地板要70厘米以上。

纸箱上附有很多杂菌，很不卫生，在交货时要把原材料从纸箱里拿出，转移到冷藏间的不锈钢架子上（牛肉的话，要核查个体识别号码）。对原材料的存放位置要加强管理，越接近保质期的原材料越要放在前面。

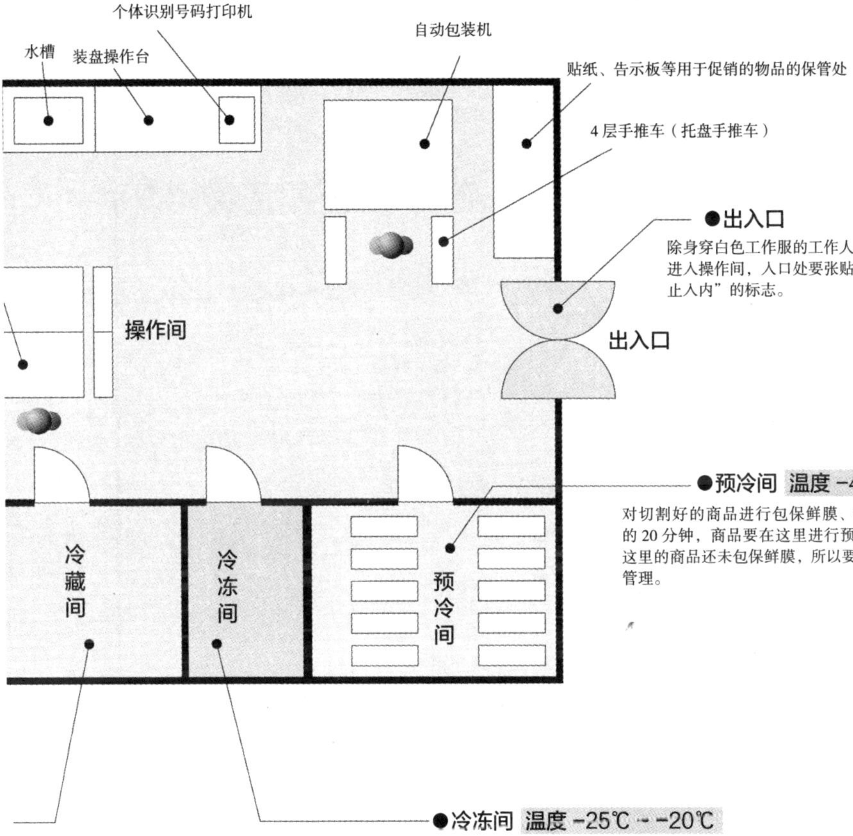

●出入口

除身穿白色工作服的工作人员以外一律禁止进入操作间，入口处要张贴“非工作人员禁止入内”的标志。

●预冷间　温度 -4℃～4℃

对切割好的商品进行包保鲜膜、标价之前的20分钟，商品要在这里进行预冷。因为这里的商品还未包保鲜膜，所以要注意卫生管理。

●冷冻间　温度 -25℃～-20℃

和冷藏间一样，冷冻间也是直接交付商品的场所，-20℃的超低温使得除了特定细菌外的大部分杂菌都无法存活，将原材料装在纸箱中存放在架子上，进行管理。即使保质期较长，也要制作底账进行日期管理。

工具的知识和管理程序

掌握作业时所使用工具的相关知识，是在把食品变成商品前必须掌握的基础中的基础。下面对刀具、切片机、绞肉机的使用方法及保养进行一一解说。

维护刀具的方法

■磨刀石 3种

- “粗糙磨刀石”……将残缺的刀刃恢复原样。
- “中度磨刀石”……调整刀棱。
- “精细磨刀石”……让刀变得更锋利。

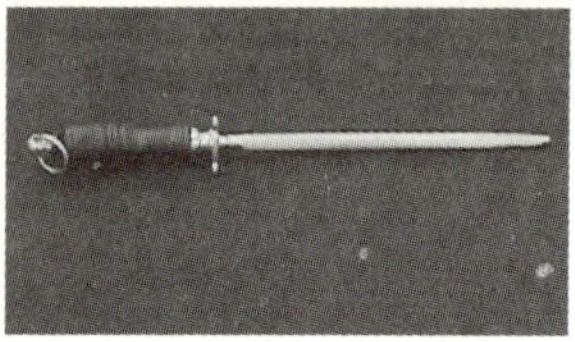

■ 锉刀棒

- 用于去掉操作时附着在刀刃上的脂肪，也可以用于调整刀尖。
- 左手抓牢锉刀棒，将棒尖按压固定在案板上。

菜刀的清洗方法

1

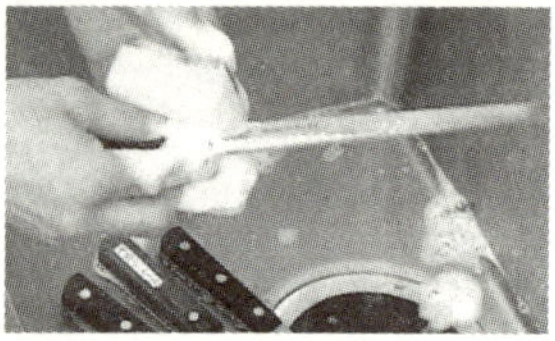

为了不损坏刀刃，在海绵上蘸中性洗涤剂，用温水从菜刀的刀背侧进行清洗。

2

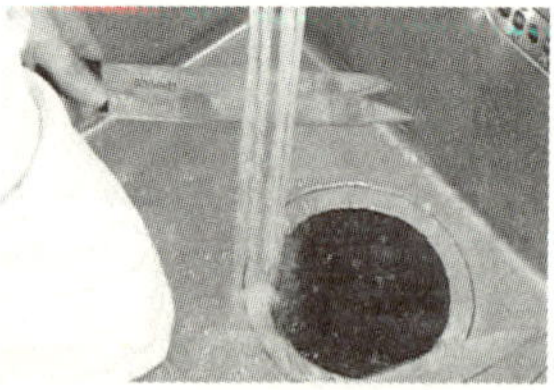

用温水充分清洗后，擦干水分，放在电子菜刀杀菌箱内。

刀具的种类

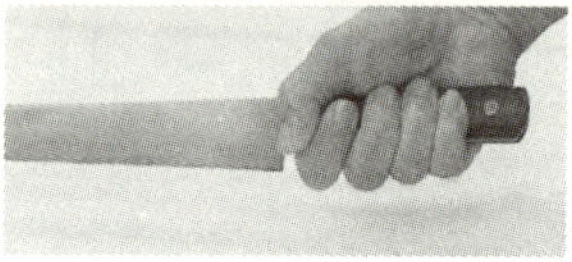

■横切菜刀

- 主要用于切做牛排时用的肉，也叫“牛刀”，是单刃刀具。
- 大拇指从上方，其他手指从下方握住刀把，使用时拇指放在刀背上。

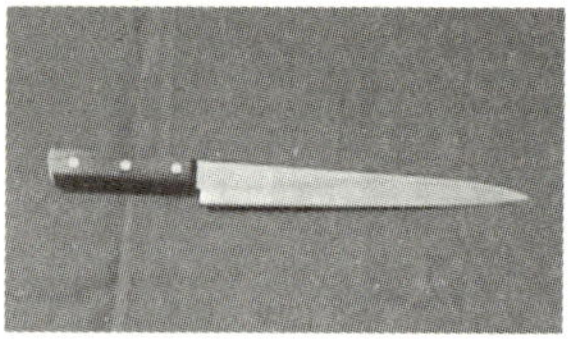

■ 切割菜刀

- 用于分割肉块、外部修整、切肉丝，还用于切烤肉、肉丁等。
- 使用时食指放在刀背上，大拇指放在刀柄的侧面握住菜刀。

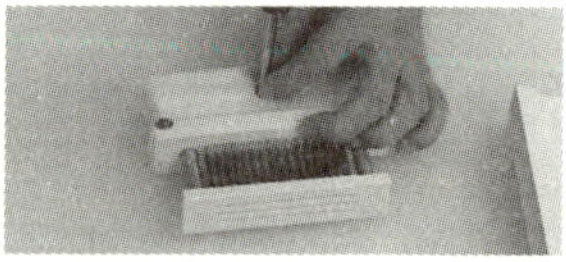

■去筋器

- 用于去除肉筋，让肉变得更松软。
- 与肉筋部分成直角，从非脂肪层侧在同一地方反复压切两三次。
- 要准备两台，将牛肉和猪肉分开使用，使用后进行拆洗，放入冷藏间保存。

5

擦拭完主机部分，把清洗完毕的零件放回原位，组装好。组装好以后接通电源进行试运作，以确认其能否正常运行。

绞肉机的清洗方法

1

拆卸零件，按照螺帽→金属板→刀→轧辊→轧辊主机→盛肉器皿的顺序拆卸。用手将能取下来的肉都取下来。

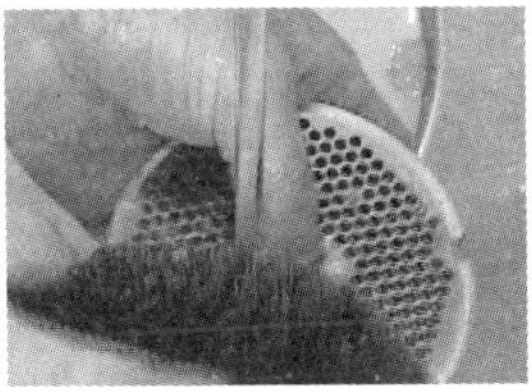

2

在水槽中清洗零件。在海绵上蘸中性洗涤剂用温水冲洗。金属板眼里的肉末要用刷子刷洗。洗好后的零件再用温水充分清洗。

3

用毛巾将零件擦干，排放在塑料托盘中。从上向下喷洒酒精喷雾，并存放在冷藏间内。

切片机的清洗方法

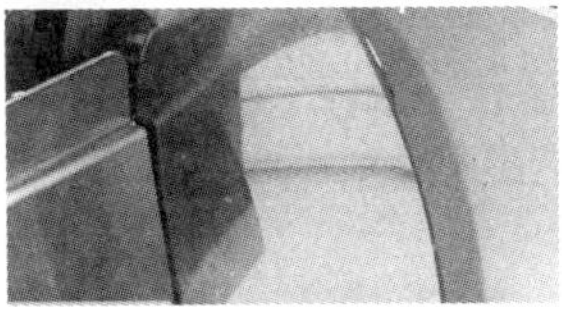

1

切片机的清洗要从磨圆刀片开始。首先，用干毛巾将圆刀片表面附着的肉片以及油脂擦去。

2

将能拆卸的零件全部拆卸下来，要点是从上面按压部分、辊子远离圆刀片的部分开始拆卸，盖板刻度盘也要拆卸。

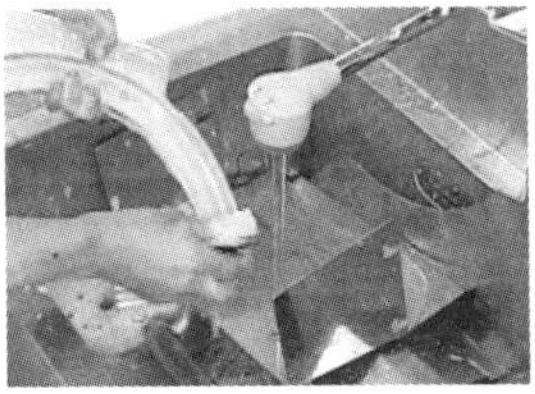

3

将拆下来的零件放在水槽中，在海绵上蘸中性洗涤剂用温水冲洗。洗完以后再用温水充分清洗，然后用毛巾擦干水分。

4

切片机的主机部分，要用毛巾蘸热水擦去圆刀片上附着的油脂。戴上金属制的安全手套仔细地由圆刀片的中间向外侧擦拭。

日本产小鸡鸡腿肉
炸鸡块用

原材料：日本产小鸡鸡腿肉
工具：横切菜刀、案板、厨用无纺布、称重器

1 检查菜刀

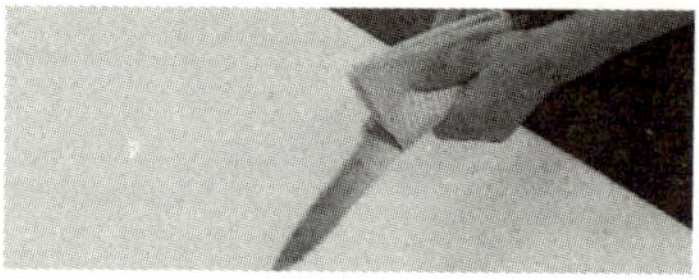

检查菜刀上有没有附着物。
用厨用无纺布擦去菜刀上的附着物。
要用切鸡肉的专用菜刀。

2 检查肉上的肉汁

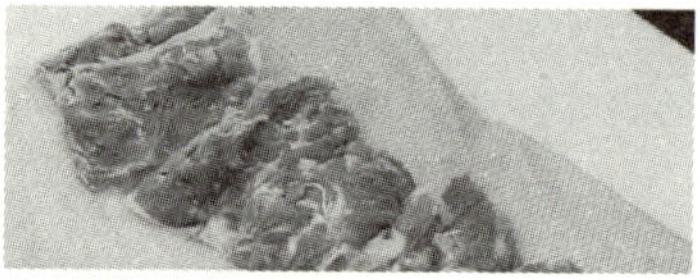

检查是否有肉汁。
如有肉汁，用厨用无纺布擦去。

3 thigh 和 drum

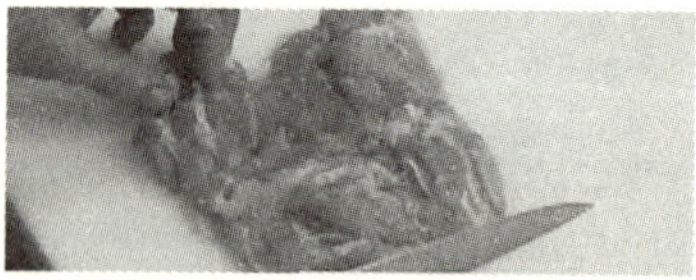

鸡肉的左侧为 thigh（膝盖以上部分），右侧为 drum（膝盖以下部分）。thigh 比 drum 要大些。

4 切

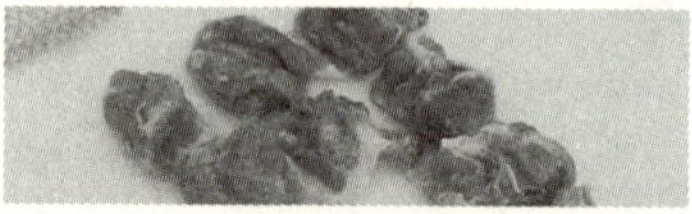

thigh 和 drum 的切法不同。
thigh 部位竖着切三等分，然后旋转 90 度再切二等分。
drum 部位竖着切二等分，然后旋转 90 度再切二等分。
切好的肉，一块大约 25 ~ 30 克。

5 装盘

瘦肉部位朝上，一行排放 4 块，总共排 3 行。

6 称重

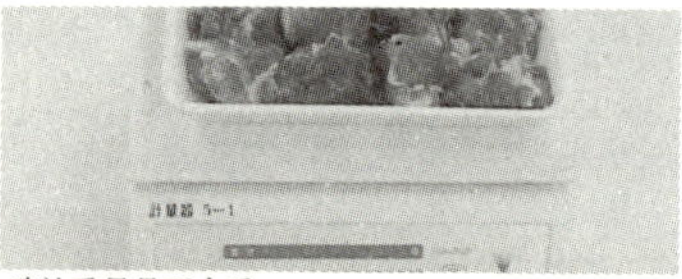

确认重量是否合适。

☆要点

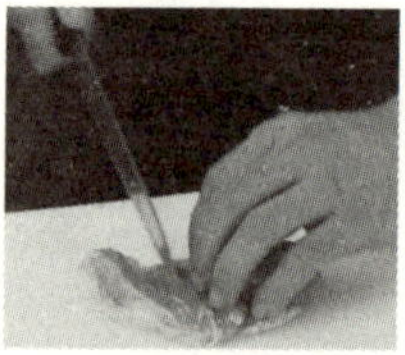

案板、菜刀、厨用无纺布要使用鸡肉专用的。厨用无纺布和牛肉、猪肉用的厨用无纺布以颜色来区分，以免产生交叉污染。

日本产猪里脊肉 涮锅用

原材料：日本产猪里脊肉

工具：切片机、案板、切肉菜刀、厨用无纺布、称重器

1 检查切片机

检查切片机头上是否附有肉片。

2 检查案板

检查案板上是否附有水分和肉汁。
如果案板是湿的，用厨用无纺布擦干。

3 检查肉汁

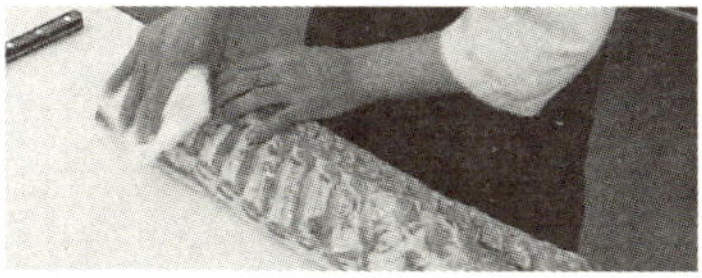

检查肉的表面是否有肉汁渗出，有的话用厨用无纺布擦去。

4 检查筋、骨骼肌

检查肉上是否附有多余的筋和骨骼肌。
用食指插入肋骨之间一根根地进行检查。

5 放置于滚筒

将里脊肉放置于切片机的滚筒上。

6 装盘

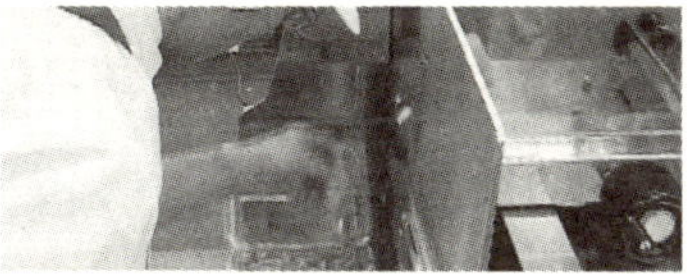

将切好的里脊肉从右上方开始向左，轻轻地装在托盘里。

7 称重

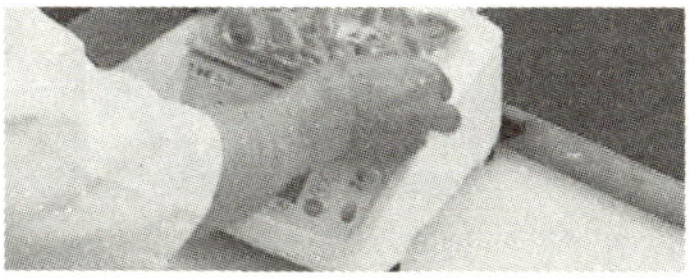

确认装好盘的肉的重量。

日本产牛排
烤肉用

原材料：杂交牛三角五花肉
工具：切肉菜刀、案板、厨用无纺布

1 检查菜刀

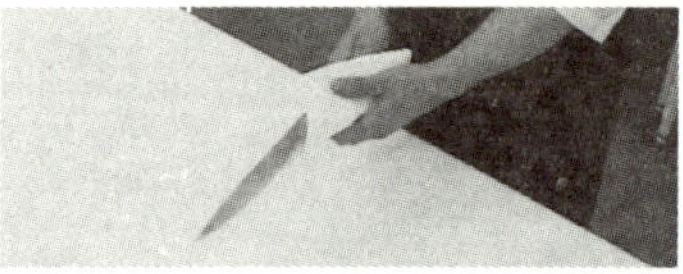

检查菜刀上有没有水分、肉片或其他附着物。

2 检查肉汁

检查肉的表面是否有肉汁渗出，有的话用厨用无纺布擦去。
确认肉的表面是否变色等，对肉进行全面检查。

3 切块

把肉切成一口大小的肉块。

4 切片

把切成片的牛肉整齐地放在案板上。

5 装盘

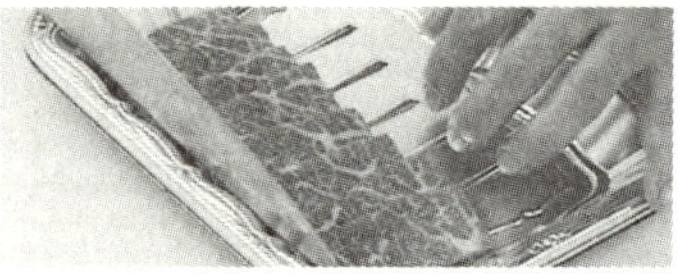

把切好的牛排放在托盘上。

6 完成

装好盘以后，将肉排整齐也是很重要的一步。

☆要点！

为了将牛排准确地切成5毫米厚的肉片，在训练临时工和新员工时，用5毫米厚的橡皮来检验肉的厚度。

牛肉和猪肉的混合肉馅

原材料： 日本产牛的小腿肉、肥肉，
日本产猪的小腿肉、肥肉
工具： 绞肉机、切肉菜刀、案板

1 检查绞肉机

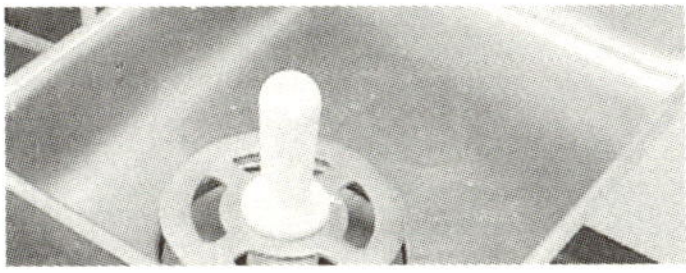

检查是否有之前绞的肉的残留。

2 检查盖板、刀片

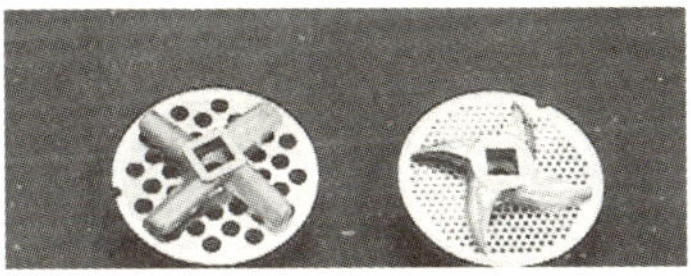

对盖板和刀片进行检查。

3 确认固定

确认盖板是否牢牢地盖在主机上。

4 切原材料

将原材料的肉切成能放入绞肉机投入口的肉块。

5 粗绞

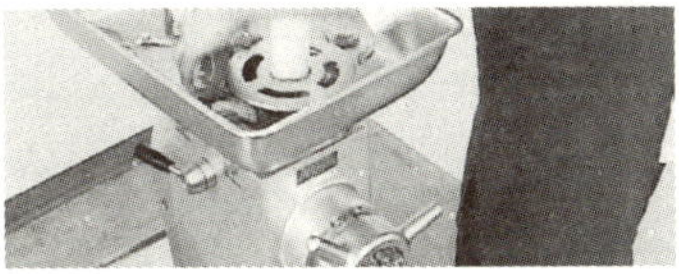

左手往绞肉机的投入口放肉块的同时，右手用棒把肉推压进去。

6 精绞

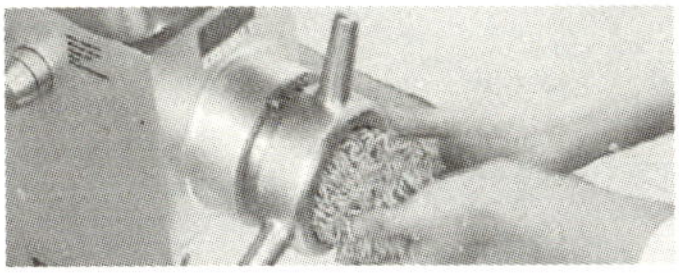

将粗绞过的牛肉和猪肉均匀混合后，放入绞肉机再绞。

7 装盘

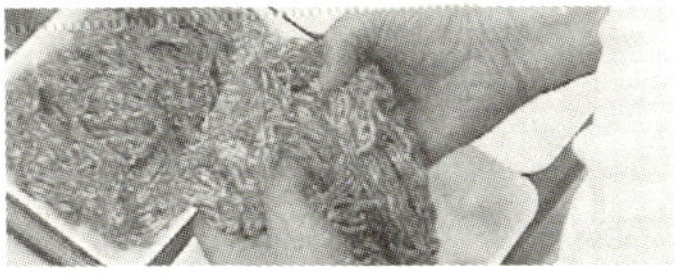

将绞成条状的肉末竖着放入托盘，并把肉平摊开。

第2章

肉禽部门的“商品”基础知识

牛肉的部位、名称、特征

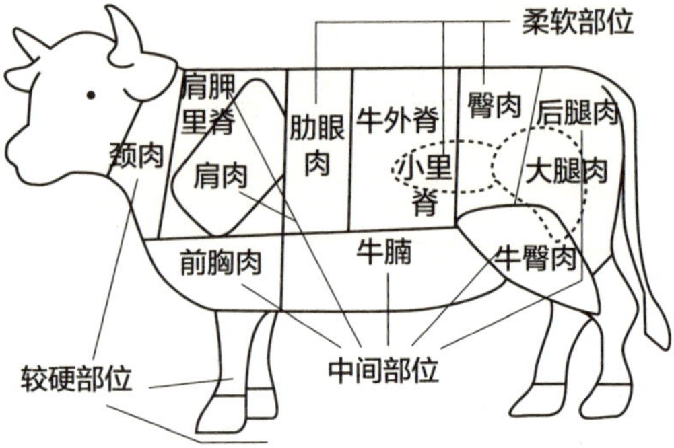

牛肉的部位名称

	日本		澳大利亚	美国
肩肉	肩胛里脊	肩胛里脊	chuck roll	chuck roll(肩胛眼肉是chuck eye)
		颈肉		
	前胸肉	前胸肉	point end brisket	brisket
		前肩肉	------→	(chuck rib)
	前腿	上板腱子肉	------→	(pectoral)
		下板腱子肉	clod	shoulder clod
		肩三角		
		小三角		
		黄瓜条	chuck tender	chuck tender
		前腿肉		
	腱子肉	前腱子肉	shin	shank
里脊肉	小里脊	小里脊	tenderloin	tenderloin
	里脊	肋眼肉	cube roll	ribeye roll
		牛外脊	strip loin	strip loin
		肋脊盖肉		

续表

<table>
<tr><th></th><th colspan="3">日本</th><th>澳大利亚</th><th>美国</th></tr>
<tr><td rowspan="4">腹肉</td><td rowspan="2">上腹肉</td><td colspan="2">上腹肉</td><td>short rib</td><td>short rib</td></tr>
<tr><td colspan="2">下后腰脊翼肉</td><td>shinfrank</td><td>flap meat</td></tr>
<tr><td rowspan="2">下腹肉</td><td colspan="2">下腹肉</td><td>navel end brisket</td><td>short plate</td></tr>
<tr><td colspan="2">竹叶肉</td><td>shinfrank</td><td>frank</td></tr>
<tr><td rowspan="15">后腿</td><td rowspan="3">大腿肉</td><td colspan="2">大腿肉</td><td rowspan="3">topside</td><td rowspan="3">top round</td></tr>
<tr><td colspan="2">小腿</td></tr>
<tr><td colspan="2">肋脊盖肉</td></tr>
<tr><td rowspan="4">后腿肉</td><td colspan="2">外侧后腿眼肉</td><td></td><td>(round eye)</td></tr>
<tr><td colspan="2">胫骨肉</td><td rowspan="3">silverside</td><td rowspan="3">bottom round</td></tr>
<tr><td colspan="2">外侧后腿肉</td></tr>
<tr><td colspan="2">千本筋</td></tr>
<tr><td rowspan="4">牛臀肉</td><td colspan="2">牛臀肉</td><td></td><td>tip</td></tr>
<tr><td colspan="2">龟子(牛臀肉的一部分，截面形状似龟壳)</td><td rowspan="3">thick flank</td><td>knuckle</td></tr>
<tr><td colspan="2">友三角</td><td>triangle</td></tr>
<tr><td colspan="2">肋脊盖肉</td><td></td></tr>
<tr><td rowspan="3">臀肉</td><td rowspan="2">臀肉</td><td>副臀筋</td><td rowspan="3">rump</td><td rowspan="3">top sirloin butt</td></tr>
<tr><td>中臀筋</td></tr>
<tr><td colspan="2">臀尖肉</td></tr>
<tr><td>腱子肉</td><td colspan="2">后腱子肉</td><td>shank</td><td>shank</td></tr>
</table>

资料来源：烟田经营研究所

后腿肉系列

后腿肉以瘦肉为主，肉块较大。从牛排、烤肉到边角肉，用途广泛。

澳洲产 silverside

指瘦肉多、味道浓郁的部位。适合切薄片做日式牛肉火锅、涮锅，也可炒制、做蔬菜卷儿，或者将肉片叠起来做千层派。切成小块的肉适合做炖肉或炒肉。

大腿肉

日本产 大腿肉

是牛身上最大块的瘦肉，也是脂肪最少的部分。适用于制作大块牛排、烤牛肉、炖肉等。

日本产 小腿肉

是比大腿肉的脂肪更少的瘦肉部分。味淡，适合调味。肉质较为柔软，适合做小牛排、烤牛肉、炖肉等。

美国产 top round

属于大腿肉的一部分，大块的瘦肉。肉上大多附着筋，切片做牛排、烤肉时可保留，做涮锅时要剔除。

后腿肉

美国产 flat of round

后腿肉的一部分，肌理较粗，但都是瘦肉和大块肌肉，适合做烤肉，也可用边角肉做涮锅。

日本产 外侧后腿肉

指大腿外侧的肌肉，因为是牛活动时常用的部位，所以肌理较粗，是后腿肉中肉质最硬、脂肪较少的部分。可切成薄片，用作涮锅或者做炖肉。

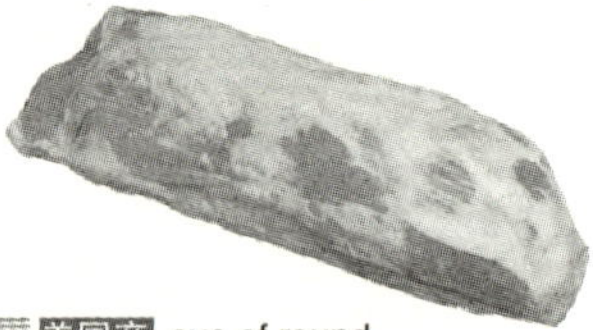

美国产 eye of round

肉的肌理稍粗，色泽较浅，形状匀称。适合切成薄片做涮锅，切下来的边角肉可用于烤肉。

澳洲产 topside

瘦肉，肉质略粗，加热后肉汁较多。比起用于做牛排或烤肉，更适合带皮炸、煎或者中式炒制等。肉质稍硬且味道浓郁，适合做炖肉或者炖浓汤。一般将筋和胸肉分开切薄片销售。烤肉用的胸肉一般用颈肉侧的部分。

澳洲产 D Rump

属于瘦肉系列，但是肉质柔软，汁多。分成后腰肉和臀肉，适用于烤肉、牛排，或者带脂肪做成牛肉火锅、涮锅等等。

臀肉

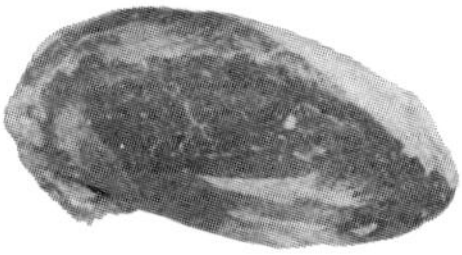

日本产 后腰肉

是角质柔软的瘦肉部分。肉质清淡，作料、香料容易入味，适合各种料理方式。较适合做成瘦肉牛排和烤肉。

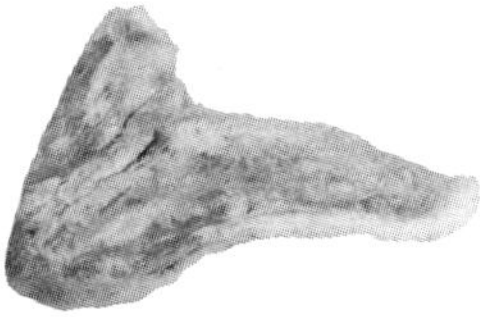

日本产 臀尖肉

牛臀部中脂肪较多的部分，肉质细腻，味道浓郁。将3毫米厚处的皮下脂肪用于做牛排的话，牛排会跟牛外脊排一样美味，也适合做成烤肉。

美国产 top sirloin butt

在美国牛臀部肉等同于牛外脊。味道浓郁、肉质柔软，切厚片也很美味。适合做牛排、烤肉等。

牛臀肉

日本产 牛臀肉

位于牛臀肉的中心部位的肌肉，一般将中心部位的筋去除一半后出售。一般用于做牛排、生烤肉。

日本产 友三角

是被脂肪包裹的部分，很容易入味，肉质也很好，多作为排骨出售，用于制作烤肉等。

美国产 knuckle main muscle

指牛臀肉的中心部位。肉质柔软，瘦肉易入味，适用于做牛排、烤肉，也可以切开做生烤肉。

腹肉系列

牛腹肉系列是肋骨周围的部分，一般用作烤牛肉，特点是肥瘦均衡，肉质鲜美。

日本产 下腹肉

比上腹瘦肉多，味道更浓郁，最适合用于突出脂肪层的美味的料理、烤肉排的食材。切片也适合做日式牛肉火锅和牛肉盖饭。

美国产 short plate

下腹的一部分，脂肪层和瘦肉层互相交叠。主要作为牛肉盖饭的原料被进口到日本，切薄片后也常用于日式牛肉火锅或者烤肉。

日本产 上腹肉

指肋骨上，靠近腹部里脊部分的肉，薄薄的瘦肉层和脂肪层层层重叠交织在一起。去掉皮下脂肪层，适用于烤肉、牛肉盖浇饭、牛肉火锅等料理。

澳洲产 navel end brisket

是脂肪层非常美味的部分，用于煮汤，此外，去除板肉（纵切）和肋条（横切）的排骨，还可用于烤肉、日式牛肉火锅、涮锅。

美国产 bone-less short ribs

指牛腹第 6 ~ 8 根部分的肉，是烤牛肉食材中最上等的肉。脂肪含量较高，适合做小块牛排、涮锅、日式牛肉火锅等。

美国产 frank steak

位于外腹部分，有瘦有肥，一般以牛排用、烤肉用出售。另外，由于口感好，最适合做成中餐中的牛肉丝。

日本产 下后腰脊翼肉

是牛腩中最接近里脊肉的部分，位于牛侧腹，由于形状像贝壳，所以日文中又称作“贝之身”。肉质非常柔软，适合做小块牛排、烤肉排。

里脊系列

里脊位于从肩到腿，牛背上的部分。也含有脂肪层，其中牛外脊等，经常被用于制作牛排，烹饪方式多样。

美国产 tenderloin

属于里脊肉的一部分，几乎不带骨和筋，易于加工成肉段等，是最适合做牛排、烤牛肉等的肉。

澳洲产 strip loin

与肋条相连的里脊，肉质柔软，味道略淡。除炖肉外，适用于制作牛排、烤牛肉、日式牛肉火锅、涮锅等。

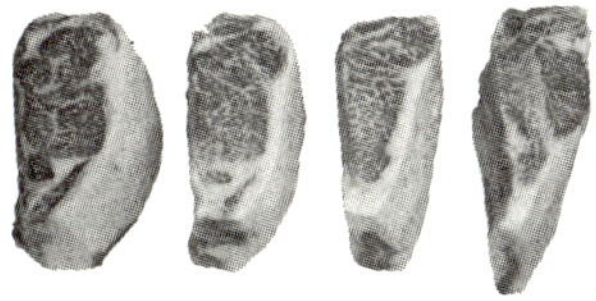

日本产 牛外脊

肉质柔软，含脂肪层，味道鲜美，是牛肉中品质最高的部分。经常被用于制作牛排，同时也适用于日式牛肉火锅、涮锅、烤牛肉等。

日本产 里脊

特征是脂肪含量少，虽是瘦肉但非常柔软，只占一条牛腿上的1.5%～2%的部分。适合做牛排和烤牛肉，烹饪的诀窍是不可以烤过头。

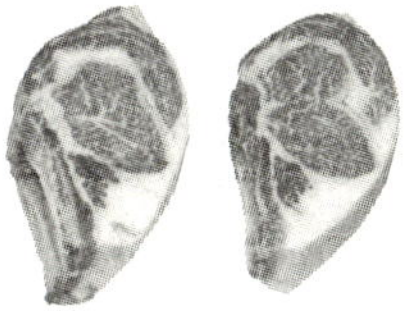

日本产 肋条里脊

是非常柔软，脂肪层较多的部分。肉质细腻，脂肪多，肉块大小平均，易于销售。适合做日式牛肉火锅、涮锅、牛排、烤肉等。

美国产 ribeye roll

指去皮的肋条里脊肉。含有脂肪层，肌理细腻，品质上层。可以做日式牛肉火锅、涮锅、烤肉、牛排等，烹饪方式多样。

美国产 strip loin、steak ready

将牛外脊标准化加工成适合做牛排的肉块。除制作牛排、烤牛肉外，也适用于涮锅和日式牛肉火锅。肉的肌理细腻，质地柔软。

肩胛肉系列

因为肩胛肉正处在运动量较大的部位，所以肉的软硬度、脂肪的多少呈现混杂状态。肩胛部的各个部位可以被制成各种各样的商品。

澳洲产 chuck roll

脂肪含量较多，味道浓郁。常被切成薄片做火锅料理。第一根肋骨旁的肉质稍粗，所以要切成薄片做火锅或者炒菜用。中间的肉和下肩胛翼板肉要切成小块，用于牛排、烤牛肉等。

美国产 chuck flap

肩胛里脊下方肩胛翼板肉的部位，在瘦肉中属于脂肪含量多的，肉质柔软，口感鲜美。作料、香料比较容易渗透，适用于小块牛排、迷你牛排，以及烤牛肉。

日本产 肩胛里脊

肩胛里脊富含脂肪，肉质柔软，味道鲜美，肉片较大，所以有多种烹饪方法。适合做日式牛肉火锅、烤牛肉，根据切法也可以做成牛排。

美国产 chuck eye log

位于肩胛里脊的中心部位，形状像圆木，所以叫作“log”。脂肪层较多，可以做成高品质的日式牛肉火锅、涮锅、牛排等料理。

日本产 颈肉

位于牛颈部，由于属于活动量较大的部位，肌肉比较硬。同时，因脂肪含量较少，所以肉质非常硬。多加工成肉馅或者做炖菜的食材。

前胸肉

日本产 肩小排

位于前胸部位，将从第 1 ~ 6 根肋骨的部分切成三角形。脂肪层味道非常鲜美、浓郁，作为最优质的烤肉排原材料出售。

日本产 前胸肉

肥瘦交叠，肌理略粗，厚厚的脂肪层使得肉质口感鲜美，别具风味。靠近外腹侧的肉质稍硬。适合切成薄片做日式牛肉火锅、涮锅以及烤牛肉等。

澳洲产 point end brisket

指瘦肉、肉质稍硬的部分。一般用于做炖菜、浓汤等。将排骨和前胸肉分割开，肉切成薄片出售。烤肉用的前胸肉一般用靠近颈肉部位的部分。

美国产 brisket

位于前胸部位，通常把三角部分和覆盖的脂肪层去掉。因为包含了肉质较硬的部分，常把边角肉切成薄片用作日式牛肉火锅、烤牛肉、炖肉等料理的食材。

前腿

日本产 前腿

属于瘦肉，因为是运动量较大的部位，所以有大块肌肉，口感好，易于入味。适合做日式牛肉火锅、涮锅、烤肉、炒菜。

美国产 chuck rib

相当于肩小排部位，在美国通常销售第1～5根肋骨的部分。是最适合烤牛肉的部分，同时因脂肪含量丰富，也适合切成薄片做日式牛肉火锅。

美国产 shoulder clod

位于前腿部位，包含带筋肩胛里脊部分。属于瘦肉，但含有适度的脂肪层，适合切成薄片做涮锅、日式牛肉火锅的食材。

日本产 黄瓜条

指控制前腿活动的大块肌肉，属于瘦肉，分两层。调料易入味的、柔软的部位适合制作生烤肉、烤牛肉等。较瘦、肉质稍硬的部位适合切薄片或者做烤肉。

澳洲产 clod

切片一般用于日式牛肉火锅或者炒菜。味浓多汁的肩胛里脊、肩小排部分适合做牛排、烤肉、炸排等。前腿部分的肉适合炖、炒等烹饪方式。

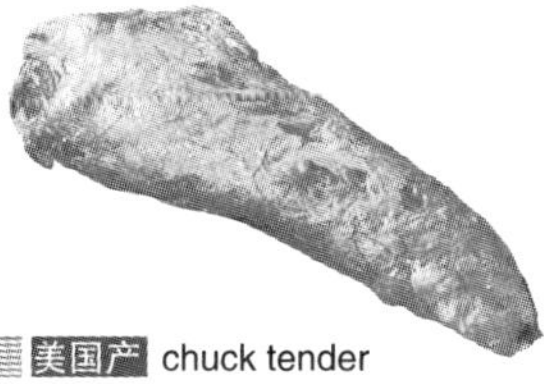

美国产 chuck tender

指黄瓜条部位，成块的瘦肉。肉内有1根筋，一般把筋去掉后出售。适合做成烤牛肉、生烤肉，作为边角肉等。

牛内脏的特征和烹饪用途

名称	部位	特征	烹调要点	烹饪用途
牛舌	舌部	脂肪多，硬	牛舌表面的粗糙硬皮不能食用，要洗后用热水浸泡，然后剥除。切成薄片或者长时间炖煮会变得柔软	烤肉、炖煮、腌制
喉筋	食道	较硬的筋	切成两三厘米长度炖煮	炖煮
牛心管	心脏上的大动脉管		切丝炖煮	炖煮
牛心	心脏	筋纤维较细，有嚼劲。在牛内脏中属于气味较淡的，脂肪含量少，富含蛋白质，维他命B_1、B_2，铁	把血水彻底洗净，去掉心脏瓣膜上的筋	烧烤、铁板烧、烤串
牛肝	肝脏	内脏中最柔软的部位，比猪等动物的肝脏味道大。富含蛋白质，维他命A、B_2，铁	去除血水，用大蒜、生姜、酱油、料酒等进行调味	炸、炒、煎
上膈膜	横膈膜	位于横膈膜的腹部位置。英文名称“outside skirt”，主要做烤肉用	与肉的纹理成90度角切片	烤肉、炖煮、咖喱
下膈膜	横膈膜	位于靠近横膈膜腰椎的部位。英文名称“hanging tender”，含有适量脂肪，口感柔软。也有与上横膈膜不区分，统称横膈膜的时候	去除表面的薄膜	烤肉、加工食品
毛肚	第一个胃	是牛的四个胃中最大的胃，肉厚、纤毛浓密。市场上通常销售的部分是肉质较厚的上毛肚部分。这个部位肉质柔软，毛病少	切长条	烤肉等
麻肚	第二个胃	胃内壁的形状类似于蜂巢，因此也叫蜂巢胃		炖煮、烤杂串

续表

名称	部位	特征	烹调要点	烹饪用途
牛百叶	第三个胃	内侧黏膜有很多层，呈褶皱状。有嚼劲，脂肪含量少，富含铁	用水焯后出售，要加入生姜、葱一起焯，然后在冷水中浸泡以去除腥臭	烤肉、炖煮
真胃	第四个胃	与其他的胃相比表皮较平滑、有大的褶皱，也叫作皱胃		炖煮
牛腰子	肾脏	形状类似于豆子，脂肪含量少，富含铁、维他命B2	纵剖成两半，去除尿管洗净	黄油烤肉、烤杂串、酱烧
牛小肠	小肠	与大肠相比较薄、较细，肉质较硬。与大肠一起作为"下水"出售	用水焯，然后再放入温水中浸泡，去除涩味	烤串、炖煮、内脏火锅
牛大肠	大肠	与小肠相比较厚且硬，用水焯后切块出售。	用水焯，然后再放入温水中浸泡，去除涩味	炖煮
牛尾	尾部	富含胶原蛋白，一般切成段出售	长时间炖煮胶原蛋白就熔成了明胶，变得柔软	炖汤、炖菜、焖煮

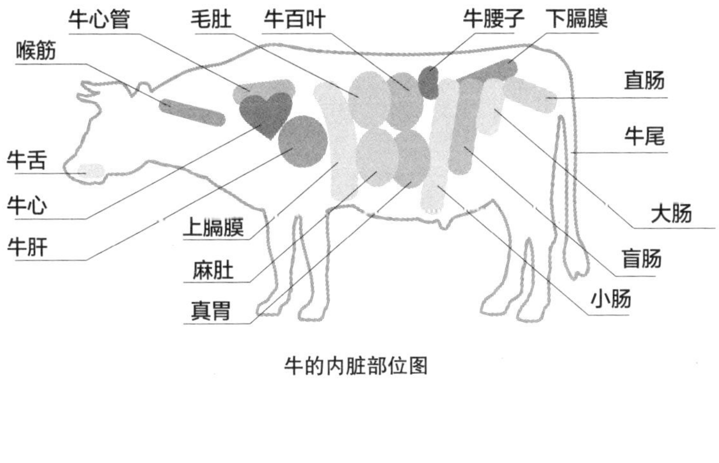

牛的内脏部位图

猪肉的部位、名称、特征

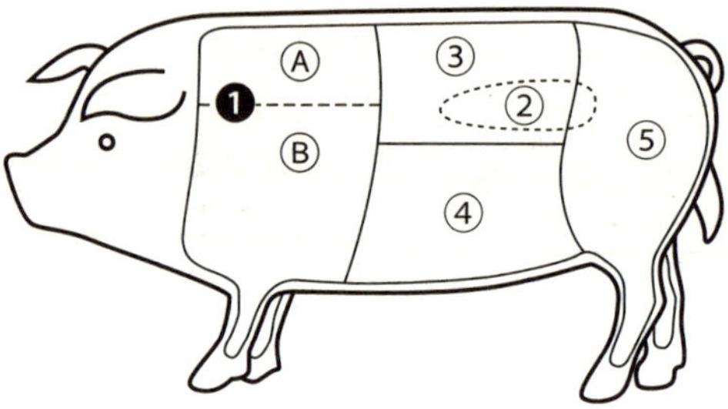

猪肉的部位名称和特征

	部位名称	主要用途	部位的特征
①—A	梅花肉	炸猪排、生姜烧肉、烤猪排、薄肉片、涮锅	肉色较深，肌理粗，味道浓郁
①—B	前腿	边角肉、咖喱、肉馅	肉色较深，肌理较粗
②	小里脊	炸猪排	最为柔软的部位
③	里脊	炸猪排、生姜烧肉、烤猪排、薄肉片、涮锅	· 背上从第5根肋骨到第5节腰椎的部位 · 此处的脂肪叫背部脂肪(A类脂肪)，味道浓郁
④	五花肉	烤肉、炖肉块、薄肉片、涮锅	瘦肉和脂肪分成三层，也叫“三层肉”
⑤	后腿 臀尖肉	薄肉片	· 肉的肌理细腻 · 脂肪含量低
	后腿 后腿肉 弹子肉	一口猪排、嫩煎肉、涮锅	

猪内脏的特征和烹饪用途

名称	部位	特征	烹调要点	烹饪用途
猪舌	舌部	富含维他命A、维他命B_2、铁、牛磺酸。舌根部脂肪含量多且柔软	皮不适合食用要去除，切成薄片烤制，或者炖煮整条舌头	黄油烤肉、烧烤、油炸、炖煮
猪心	心脏	筋纤维细且浓密，有独特的口感。脂肪含量少，富含维他命B_1、维他命B_2、铁元素	清洗血水后烹饪	烧烤、铁板烧、炖煮
猪肝	肝脏	高蛋白、低热量，维他命A含量很高，同时还富含维他命B_1、维他命B_2和铁	清洗血水后烹饪	烤肉、刺身、炒制
猪肚	胃	腥臭味较大，一般用水焯后出售	生的时候撒些盐充分搅拌，用富含香味的蔬菜一起用水焯	烤杂串、用醋凉拌、炖煮
猪腰子	肾脏	脂肪含量少、热量低	去除表皮、尿管以除味	炒制、炖煮
小肠	小肠	脂肪含量高，一般要用水焯，去除部分油脂后出售	入水焯，然后再放入温水中浸泡，去除涩味	炖煮、烤杂串
大肠	大肠	脂肪含量高，切块，然后用水焯后出售	和胡萝卜、大葱、大酱一起煮，较美味	炖煮、用醋凉拌、腌制
生肠	子宫	市场上销售的生肠一般是小母猪的子宫，柔软味淡，脂肪含量少	用水浸泡后充分揉洗	烧烤、凉拌、炖煮
猪蹄	足部	富含胶原蛋白等蛋白质，长时间炖煮熔化成明胶而变得柔软	纵切成两半，洗去污垢后去血水	炖煮
风干肉肠	脸颊肉	肉质柔软、味道佳，稍有些气味		烤肉

资料来源：日本食肉消费综合中心《肉类食品术语集》《肉类食品书》

前腿肉

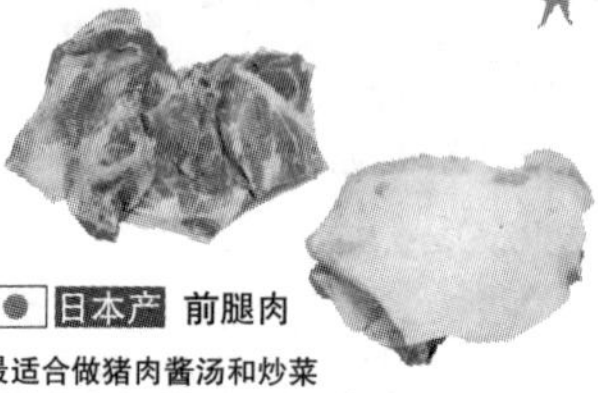

日本产 前腿肉

最适合做猪肉酱汤和炒菜

覆盖的脂肪层较厚，分成若干块肌肉，一般将筋和脂肪修剪掉，切成肉片或者做成烤肉出售。适合做猪肉酱汤、炒菜等能充分发挥其鲜美肉质的料理。

美国产 picnic

最适合做古老肉、咖喱

位于前腿部位，被称作“栗”（形状像栗子，日文中又称“栗形肉”）的部分，指以肩三角中瘦肉层较厚的部分为中心的肉。适合切成薄片做烤肉或者猪肉酱汤，切块做古老肉或者咖喱，也可做肉馅儿的原材料。

里脊肉

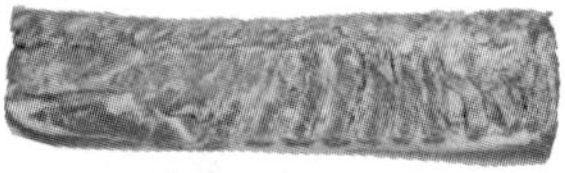

日本产 里脊肉

肉质柔软、风味佳的优质部位

和肌理细腻，脂肪含量适中的小里脊肉一样都属于优质肉。肉质柔软、风味佳，适合做煎肉、炸猪排、烤肉、涮锅等料理。

美国产 CC lion

特征是可食率高、烹饪用途广泛

属于里脊肉，肉质优良、味道鲜美。切面形状均衡，可食率高，且易于料理。可用各种烹饪形式（图片上展示的是脂肪部分）。

小里脊

日本产 小里脊

脂肪含量少，蛋白质含量高

在猪肉中肌理最为细腻、肉质最柔软、最美味的部分。脂肪含量少，但蛋白质含量高，所以常作为健康食品食用。口感清爽、好食用，适合做嫩煎肉、炸猪排等料理。

美国产 tenderloin

里脊猪排、BBQ（Barbecue 烧烤，以下简称 BBQ）菜单的主角

指小里脊肉，是猪肉中最为柔软的瘦肉部分。肉质细腻、均衡，不含有筋，易于烹调，适合做里脊猪排和 BBQ。

肩胛肉

日本产 肩胛肉

有浓厚的肉香味

位于肩胛部分的里脊肉，肌肉被脂肪层所包裹。因位于有适量运动量的部位，所以多是较好入味的瘦肉。肉香味浓郁，适合做嫩煎肉、炸猪排、叉烧肉、古老肉等。

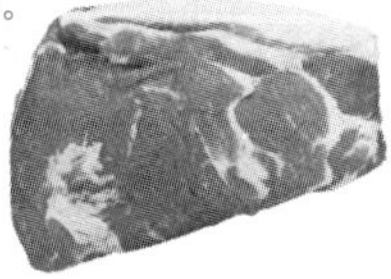

美国产 CT bat

广泛用于炸肉排、生姜炒肉

也叫猪肩肉。肉的形状均一，容易切割，适用范围广泛。可用于制作古老肉、炸肉排、生姜炒肉、叉烧肉。

日本产 后腿肉

维他命 B1 的含量仅次于小里脊

脂肪含量少、肌理细腻，维他命 B1 的含量仅次于小里脊的部分。因为有大块的瘦肉，所以适合切块做嫩煎肉、一口猪排、烤肉排等。

其他

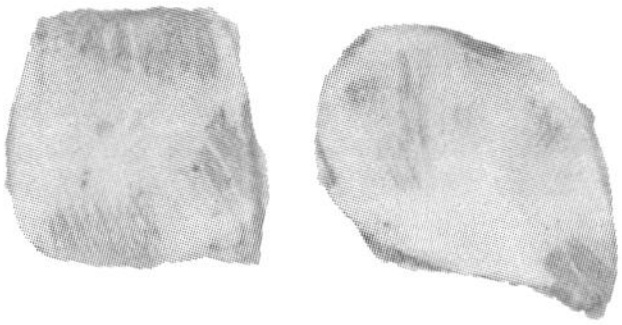

日本产 猪颈肉

拥有独特的口感，最适合做烤串和烤肉

从前腿接近下颚部位取下的肉，脂肪含量高，具有独特的口感。最适合做烤串和烤肉。也常用来做叉烧肉。

美国产 spare rib

最适合用于 BBQ

在日本是指前胸肉的部位，在美国叫作排骨。骨头周围的肉较多，能够品尝到肉的鲜美，最适合用于 BBQ。

五花肉

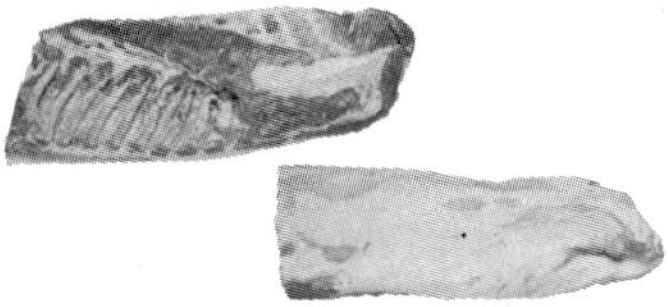

日本产 五花肉

适合烤猪肉等多种烹饪方式

薄薄的肉与脂肪层相交叠，也称作三层肉。脂肪含量高，味道浓郁，烹调方式多样。适用于涮锅、叉烧肉、烤肉、古老肉、炒菜等。

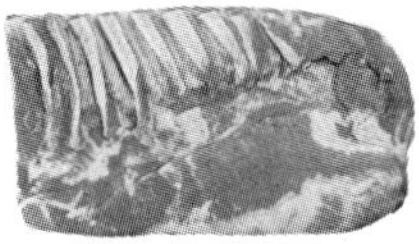

美国产 带骨五花肉

烹饪方法多种多样

一般指进口的带骨五花肉。

后腿肉

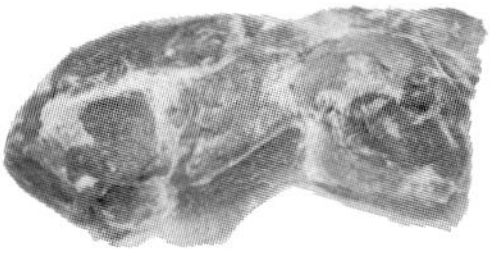

日本产 臀尖肉

切成片用于烤肉、炖菜等

相当于牛的臀肉和后腿肉的位置，肌理略粗，切成薄片用作烤肉、炖菜等，但筋的部分较硬，所以常用于炖煮料理。

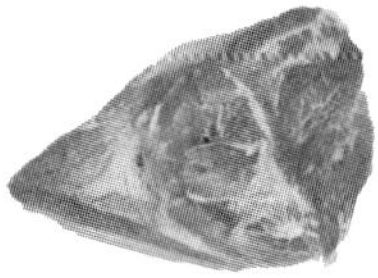

日本产 弹子肉

比后腿肉柔软

比后腿肉更容易入味、脂肪含量更多、肌理更细腻、更柔软、口感更好。适合做烤肉、一口猪排、嫩煎肉、叉烧肉、古老肉等。

鸡肉的部位、名称、特征

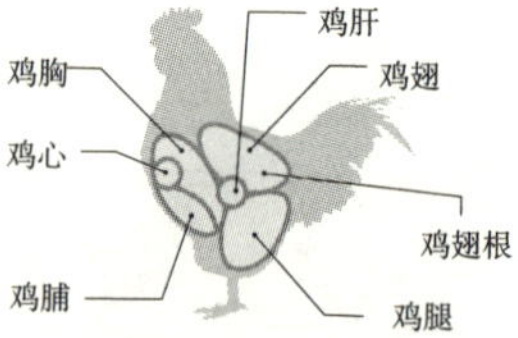

鸡肉主要用于“炸鸡块”“烤鸡肉串”“蒸鸡”等各种料理。下面我们来确认一下各部位的名称、特征、烹饪用途。

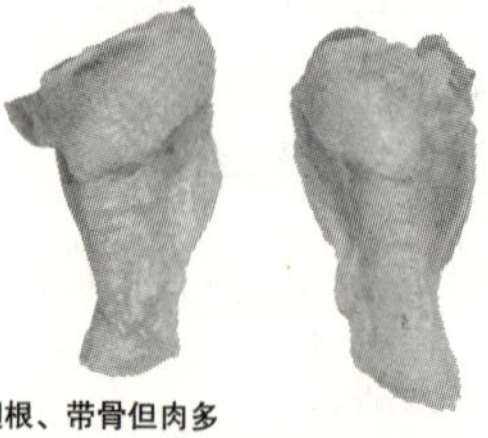

鸡翅根、带骨但肉多

是连接鸡胸和鸡翅的部位，虽然带骨，但肉多可以油炸，也可以跟萝卜一起炖，都很美味。

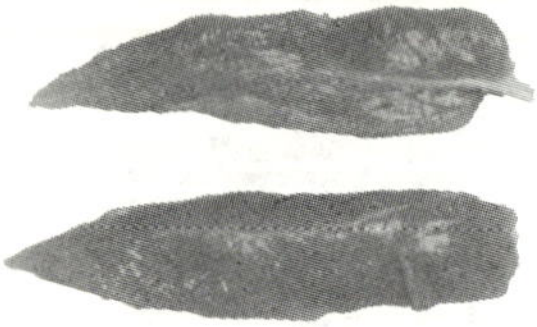

鸡脯肉、几乎不含脂肪

相当于牛肉、猪肉中的里脊部分。由于形状像竹叶，在日语中也叫“竹叶肉”。几乎不含脂肪，味道清淡，适合做棒棒鸡、沙拉、蒸鸡蛋等料理。

鸡胸、爽口清淡

肉质柔软，与鸡腿相比脂肪含量较少，味道比较清淡。肉质水分较少、干燥，不适合做炖煮的菜。由于鸡腿在日本的需求量比较大，所以鸡胸肉相对较便宜。

鸡肝、没有腥臭味、清淡

鸡肝跟牛肝、猪肝相比，没有腥臭味，较清淡，口感比较细腻。富含维他命 A、维他命 B1、维他命 B2、维他命 B12、铁等元素。适合做烤串、炒菜。

鸡腿、脂肪含量适度，香味浓郁

处于有活动量的部分，多是肌肉，但含有适量脂肪，肉质柔软、香味浓郁。水分多，适合做炸鸡块、鸡排、烤鸡肉等料理，也适合炖煮。

鸡胗、口感脆

指鸡的胃部。口感脆，几乎不含脂肪。没有腥臭味，适合做烤串、炖煮、油炸、炒菜等。

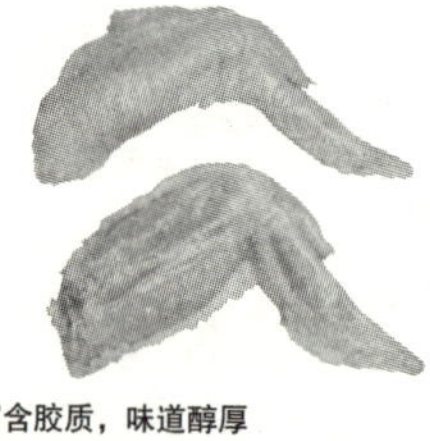

鸡翅、富含胶质，味道醇厚

富含脂肪和胶质，肉质柔软，味道醇厚。适合炸、烤、炖。因为有一定的美容功效，所以很受欢迎。

牛肉的主要品种和等级

日本肉用牛

·黑毛和牛

是日本本土牛与国外进口品种牛杂交改良的品种，于1944年（昭和19年）被命名为“黑毛和牛”。现在是日本肉用牛的主要品种，占和牛（日本本土产的牛）的九成以上。此种牛肉品质上乘，肉质柔软、肌纤维细腻。如果进行了催肥，脂肪可细密地渗透到肌纤维之间，成为“霜降牛肉”。我们所熟知的“松阪牛”“近江牛”“神户牛”等主要是“但马牛”的牛肉，被认为是黑毛和牛中的优质血统。

·褐毛和牛

熊本县、高知县的红牛，与英国德文郡公牛杂交，然后与西门塔尔牛以及朝鲜牛杂交改良的品种。在日本，饲养头数仅次于黑毛和牛，除了熊本、高知，在东北、北海道地区也被广泛饲养。褐毛和牛毛色呈黄褐色或者红褐色，体格一般比黑毛和牛稍大，生长发育较快，肉质与黑毛和牛相近。

·日本短角牛

是日本东北地区自古以来作为耕牛被饲养的南部牛与短角牛杂交改良以后的品种，毛浓密、呈红褐色，牛角短小。成年公牛的体重达900千克左右、母牛达600千克左右。生长发育较快，肉质劣于黑毛和牛，肌纤维粗，很难成为霜降牛肉。

·无角和牛

日本山口县的本土品种与阿伯丁安格斯牛杂交的改良品种。全身呈黑色，没有角。成年公牛体重约800千克、母牛约500千克。生长发育快，但肉的肥瘦匀称度、肌理的细腻程度不及黑毛和牛。主要产地在山口县的萩市周边。

奶牛

主要为出产牛奶而饲养的品种，将肉用牛中的雄性奶牛去势后饲养、销售。与奶牛中的废用牛（牛奶产量低下的老乳牛）合计起来，约占日本国内牛肉产量的40%左右。

·荷兰种乳牛

日本的奶牛绝大多数都是这个品种。来自于200多年前从德国到荷兰的移民饲养的牛品种，是历史最悠久的品种。

杂交牛

不同品种的牛之间进行交配叫作杂交，由杂交产生的后代就是杂交牛。肉用牛当中，有和牛和荷兰种乳牛杂交的品种，饲养头数大约占20%。

外国牛

在国外饲养的牛品种，虽然在日本也有饲养，但产量只占总数的 2%。

· 阿伯丁安格斯牛

阿伯丁安格斯牛与短角牛、赫里福德牛并称世界三大肉用牛。1916 年（大正 5 年）传入日本，为无角和牛的诞生做出了贡献。在外国品种的牛当中，属于肥瘦均衡的优质牛肉。

· 短角牛

明治时期传入日本，用于改良日本短角牛品种。生长发育快，肉质优良。

· 赫里福德牛

1898 年（明治 31 年）在美国，因基因突变，诞生了无角牛，以此为基础诞生了赫里福德牛。肉质偏瘦，肌纤维较粗。

品牌牛肉的种类（日本全国有228种品牌牛肉，其中北海道产的品牌牛肉占比最多）

原本只在特别优质的品牌牛肉上才会贴商标，但因现在在日本国内销售的很多牛肉都有了自己的品牌。各个地区因为在饲养方法上下功夫，或有自己独创的饲料，所以常给各自饲养的牲畜冠上类似"……牛（猪、鸡）"等的名称。

像"松阪牛"（三重）、"米泽牛"（山形）等在品牌后面附上产地的有很多，据日本食肉消费综合中心2005年3月份的调查，确认日本国内有228个品牌。

品牌牛肉分布图（228例）

■北海道 46

北海道 46
生田原高原和牛
生田原和牛
浦幌和牛
虾夷但马牛
襟裳短角牛
奥尻和牛
昔更町铃兰和牛
尾平和牛
北见牛
駒谷牛
根倒牛
产直鹤居牛
鹿追牛
茂野牛
士幌牛
白老牛
白糠牛
知床牛
宗谷黑牛
大雪高原牛
Chikuren Fresh Beef（北海道畜产农业协同组合联合会（chikuren）培育的去势杂交牛）
千岁牛
千岁黑牛
鹤居村苹果牛肉
Do-Beef 北海道牛肉
十胜四季彩牛
十胜芽室牛
十胜和牛
新冠和牛
野付牛
函馆大沼牛
函馆和牛
早来和牛
美梦牛
美瑛牛
东藻琴牛
美深牛
平取和牛
富良野和牛
北斗牛
北海道和牛
三石牛
宫下牧场牛
未来牛
未来芽室牛
武川和牛

■中国、四国地区 26

鸟取县 6
东伯牛
东伯和牛
鸟取FI牛
鸟取和牛
美欢牛

岛根县 7
出云香味牛
岛根和牛
岛根和牛肉
岛根和牛肉胜部
萤和牵牛的故乡（系川牛）
松永牛
松永黑牛

冈山县 2
冈山和牛肉
作州牛肉

广岛县 1
广岛牛

山口县 3
皇牛
山口县特产无角和牛
高森牛

德岛县 2
阿波牛
四国三郎牛

香川县 1
讃岐牛

爱媛县 3
石鎚牛
伊予牛（绢之味）
伊予麦酒牛

高知县 1
土佐和牛

■北陆地区 7

新泻县 3
越后牛
新泻和牛
新泻和牛村上牛

富山县 2
立山牛
富山牛

石川县 1
能登牛

福井县 1
若狭牛

■东海地区 8

岐阜县 1
飞驒牛

爱知县 3
爱知知多牛
爱知丰田牛
三河牛

三重县 4
伊贺牛
北伊势和牛
铃鹿山麓和牛
松阪牛

■近畿地区 13

滋贺县 1
近江牛

京都府 1
京都肉

大阪府 1
大阪梅子牛肉

兵库县 8
淡路牛肉
加古川牛
黑田庄和牛
神户牛肉（神户肉）
三田肉
丹波筱山牛肉
兵库县产（但马牛）
汤村温泉但马牛肉

奈良县 1
大和牛

和歌山县 1
熊野牛

■九州、冲绳 22

福冈县 6
丝岛牛（农协）
丝岛牛（JA）
小仓牛
筑穗牛
福冈牛
福冈和牛

佐贺县 1
佐贺牛

长崎县 2
长崎牛
长崎和牛

熊本县 3
熊本赤牛
熊本味彩牛
熊本黑毛和牛

大分县 1
丰后牛肉

宫崎县 3
宫崎牛
宫崎草本牛
宫崎草本牛（杂交牛）

鹿儿岛县 3
鹿儿岛黑牛
萨摩黑牛
野崎牛

冲绳县 3
石垣牛
山城牛
琉牛王

■其他品牌 11

11
爱知三河牛肉
朝雾高原牛
开拓牛
黑蜜牛
三田和牛
信州小山牛
大国牛
中中牛肉
磐梯牛
啤酒牛
宫崎小山牛

■关东地区 47

茨城县 5
紫峰牛
紬牛
花园牛
常陆牛
山方牛

栃木县 7
宇都宫牛
下野牛
栃木和牛
那须高原牛
美味旨牛
前日光和牛
三义山牛

群马县 5
赤城牛
上州牛
上州新田牛
榛名山麓牛

埼玉县 5
彩彩牛
彩之国梦味牛
深谷牛
武州和牛
武藏牛

千叶县 7
幸绊牛
幸满天牛
匝瑳若潮牛
千叶幸牛
千叶潮彩牛
林牛
八千代牛肉

神奈川县 2
市场发横滨牛
三浦叶山牛

山梨县 2
甲州牛
甲州红酒牛肉

长野县 6
信州牛（信州牛生产销售协会）
信州牛（信州火腿）
信州蓼科牛
信州肉牛
久坚牛
以苹果喂养的信州牛

静冈县 8
爱鹰牛
远州梦咲牛
食通之静冈牛
静冈育牛
静冈和牛
平井牧场伊豆牛
富士朝雾高原朝雾牛
三日牛

■东北地区 48

青森县 8
青森开拓牛
青森仓石牛
青森十和田牛
广域（十和田湖和牛）
津轻爱情牛
津轻平川黑牛
东北日本产健康牛
八甲田牛

岩手县 18
稻庭短角牛
岩手安代短角和牛
岩手胆泽牛
岩手岩泉短角和牛
岩手江刺牛
岩手金崎牛
岩手轻米牛
岩手北上牛
岩手kirosa牧场直送牛
岩手衣川牛
岩手紫波牛
岩手东和牛
岩手远野牛
岩手西和贺牛
岩手前泽牛
岩手水泽牛
岩手南牛
岩手山形村短角牛

宫城县 8
石越牛
藏王牛
新生汉方牛
仙台牛
中田牛
迫牛
桃生牛
若柳牛

秋田县 5
秋田牛
秋田锦牛
大泻牛
鹿角牛
三梨牛

山形县 7
尾花泽牛
藏王牛
庄内牛
庄内产直牛
羽黑牛
山形牛
米泽牛

福岛县 2
白河牛
福岛牛

资料来源：2005年品牌牛肉地域分布图

牛肉的“带骨肉”的分级和等级

对“带骨肉”的分级，是由日本食肉等级评定协会在全国肉食品市场及基础产地肉食中心等开展的。

带骨肉的等级通过“可食用率级别”和“肉质级别”来判定。

关于“可食用率级别”，是将肉的左半边第 6 ~ 7 根肋骨之间切开，然后依据“可食用率标准数值”来判定，共分 3 个等级。达到“部分肉可食用”标准的被判定为“B”级，比“B”的标准高的为“A”级，比“B”差的为“C”级（图表①）。

“肉质级别”是通过“脂肪交杂度”“肉的色泽”“肉的松紧度和肌理”“脂肪的色泽和品质”这 4 个指标来判定的。

“脂肪交杂度”指标根据不同脂肪交杂度的调查结果，属于脂肪交杂度判定标准“1- ~ 1”级别的头数分布最多，占总头数的 40%，所以将“1- ~ 1”标准定为“3”级，并以 3 级为中心，共分出 5 个等级（图表②）。

“肉的色泽”指标中“肉的成色”根据牛肉成色标准（B.C.S.，Beef Colour Standard 的缩写）来判定，而“光泽度”是通过肉眼来判定等级（图表③）。“肉的松紧度和肌理”指标是通过肉眼来辨别肉的紧致程度以及肌理的粗细，并判定等级（图表④）。“脂肪的色泽和品质”指标中“脂肪成色”是根据牛肉脂肪成色标准（B.F.S.，Beef Fat Standard 的缩写）来判定，“色泽和品质”

是通过肉眼来判定等级的（图表⑤）。

对照以上4个指标，来判定牛肉的级别（图表⑥）。同时，“可食用率级别”和“肉质级别”要区分标注出来（图表⑦）。另外，被判定有瑕疵的牛肉，要根据瑕疵的类别标示出级别来（图表⑧）。

图表①　“可食用率级别”的划分

等级	可食用率标准值	可食用率
A	72以上	高出可食用率标准值
B	69～72之间	可食用率标准值
C	69以下	低于可食用率标准值

图表②　脂肪交杂度的等级划分

	等级	脂肪交杂度判定标准	B.M.S.No.
5	非常优质	2+以上	8～12
4	比较优质	1+～2	5～7
3	标准	1-～1	3～4
2	接近标准	0+	2
1	劣质	0	1

图表③　肉的成色及光泽度的等级划分

	等级	肉的成色(B.C.S.No.)	光泽度
5	非常优质	3～4	非常优质
4	比较优质	2～6	比较优质
3	标准	1～6	标准
2	接近标准	1～7	接近标准
1	劣质	2～5以外的	

图表④　肉的松紧度和肌理的等级划分

等级	紧致度	细腻度
5	非常优质	非常细腻
4	比较优质	比较细腻
3	标准	标准
2	接近标准	接近标准
1	劣质	粗糙

图表⑤　脂肪的色泽和品质的等级划分

	等级	肉的成色(B.F.S.No.)	光泽度和品质
5	非常优质	1～4	非常优质
4	比较优质	1～5	比较优质
3	标准	1～6	标准
2	接近标准	1～7	接近标准
1	劣质	2～5以外的	

图表⑥　肉质级别的判定

肉质级别	3
脂肪交杂度	4
肉的色泽	4
肉的松紧度和肌理	3
脂肪的色泽和品质	4

图表⑦　规范的等级、标示

可食用率级别	肉质等级				
	5	4	3	2	1
A	A5	A4	A3	A2	A1
B	B5	B4	B3	B2	B1
C	C5	C4	C3	C2	C1

图表⑧　瑕疵的种类区分和标示

瑕疵的种类	标示
多发性肌肉出血	ア
水肿	イ
肌肉炎症	ウ
外伤	エ
切除	オ
其他	カ

注：“其他”，包括背部切割不良、骨折、放血不净、异味、部分变色、肉质明显受到污染等不属于ア～オ类的瑕疵。

资料：（社）日本食肉等级评定协会

猪肉的主要品种

纯种猪

大约克夏猪

原产于英国，毛呈白色、体形庞大，成年公猪、母猪的体重通常都能达到350千克左右。肉质优良，瘦肉、肥肉比例均衡，常用于制作培根等。

中约克夏猪

原产于英国，毛呈白色，成年公猪体重约250千克、母猪约200千克。皮下脂肪较厚，肉质优良。二战前在日本的饲养头数占全日本的95%，而现在降到了1%以下。

巴克夏猪

原产于英国，毛呈黑色、体形中等，成年公猪体重约300千克、母猪约250千克。肉纤维细且柔软，瘦肉较多。鹿儿岛等地为主要饲养地。近年来，因黑猪潮流而备受瞩目。

长白猪

原产于丹麦，毛呈白色、体形庞大，成年公猪体重达350千克、母猪达300千克。脂肪层较薄，肥瘦比例均匀。适合加工成烤火腿、培根等。

杜洛克猪

原产于美国，毛呈红褐色、体形庞大，成年公猪体重达 350 千克、母猪达 300 千克。生长发育快，在日本主要用于生产杂种猪。

汉普夏

从英国汉普郡进口的猪在美国被改良的品种。毛色以黑色为主，从肩到前腿呈带状白色。体形中等，成年公猪体重约 300 千克、母猪约 250 千克。皮下脂肪较薄，瘦肉较多。

杂交猪

肉用猪绝大多数都是杂交品种，杂交方法大多是三元杂交。就合成血统的猪而言，1997 年被确定为品牌的是“东京 X”，它是以北京黑猪、巴克夏猪、杜洛克猪三个品种为基础杂交产生的。

品牌猪的种类（日本全国有239种品牌猪）

诸如SPF猪（不带有特定病原菌的猪种）等，有各种各样通过地区的独特饲养方法喂养的猪的品牌。

品牌猪肉分布图（239例）

中国、四国地区 14

鸟取县 1
鸟取产SPF猪

岛根县 2
SPC岛根猪肉
剑堡（剑桥大学、爱丁堡大学联合开发命名的猪肉）芙蓉猪肉

冈山县 2
冈山黑猪
美星猪

广岛县 1
幻霜特色猪肉

山口县 2
鹿野高原猪
山口高原猪

德岛县 1
阿波猪肉

香川县 1
讃岐梦猪

爱媛县 4
Queen's Hi Pork
Nekka猪
Fure爱媛Pork
桃栗猪

北陆地区 21

新泻县 18
朝日猪
越后风味猪
越后特色猪
北越后开拓猪
颈城野黑猪
越乃黄金猪
熟成猪肉
白根猪肉
津南猪肉
妻有草本健康猪
妻有草本猪肉纯生
妻有猪肉
和猪
日本海猪肉
八海山麓健康猪
牧场猪肉
深雪饼猪
四叶猪肉

富山县 1
富山猪肉

石川县 1
石川县产猪

福井县 1
福井猪肉

北海道 23

北海道 23
赤井川村产沙拉猪肉
Aguro的SPF猪
浅野农场
内海健康猪肉
SPF海之矿物质猪肉
Success森町产SPF猪
Sachiku红猪
知床猪肉
道南Aguro农场产SPF猪
十胜黑猪
十胜清水产SPF猪
十胜野猪肉
道产子营养猪21世纪
中标津黄金猪
长沼产山中洁净猪肉
名寄铃木Bibiddo
农场SPF猪
平取巴克夏猪
富良野产SPF猪
富良野产Haicoop SPF猪
北海道产A coop SPF猪
北海道产SPF猪
芽室产SPF猪
若松优质猪肉

九州、冲绳地区 45

福冈县 3
丝岛猪
日本产特色猪
博多sui-ton

佐贺县 1
肥前樱猪肉

长崎县 6
云仙美味猪“红叶”
云仙特选猪极
MD云仙洁净猪肉
五岛SPF“美猪”
长崎涡潮猪肉
大西海SPF猪

宫崎县 11
Ebino高原极味猪
Ebino产黑猪
尾铃猪
观音池猪肉
北浦oh茶me猪
雾岛黑猪
狭间的黄豆粉猪
宫崎浜木绵猪肉
宫崎浜木绵猪肉甘薯猪
麦穗
若布猪

大分县 1
大分特色猪

熊本县 5
阿苏高原山猪猪肉
熊本SPF猪肉
熊本菊池黑猪
超级猪肉mokkosu
梅肉猪肉

鹿儿岛县 10
鹿儿岛OX
鹿儿岛黑猪
儿州特也猪
萨摩高原猪
萨摩美食猪
纯粹黑猪“六白”
茶美猪
天惠美猪
商州天然猪肉
Neo SPF猪

冲绳县 8
Agu-猪
寿猪
美ra海猪
山原岛猪
琉球长寿猪
琉球皇家猪肉
琉寿猪
琉美猪

东海地区 13

岐阜县 2
飞驒健康猪、美浓健康猪
美浓健康猪肉

爱知县 9
赤羽猪肉
渥美猪肉
大洋猪肉
知多欢乐猪肉
知多猪
美味猪肉绢
丰田猪肉
三河猪肉
山彦猪

三重县 2
三重洁净猪肉
三重猪

近畿 2

京都府 1
京都猪肉

奈良县 1
奈良产猪肉大和猪肉

静冈县 16
朝雾优酪乳猪
热川高原鲜猪肉
远州黑猪
远州之梦的梦幻猪肉
奥山的高原猪
Oran Pig
挂川鲜猪肉
御殿场金华猪
Sun Sun Pork
toko猪
富士朝雾高原放牧猪
富士天然猪肉
富士之国“健康”猪肉
富士之国“HHP”
浜北健康猪肉
富士之国椈野猪肉
富士之国浜名湖喂养

关东地区 75

埼玉县 10
Kiton猪肉
小江户黑猪
彩之国黑猪
埼玉牧场黄金猪肉
狭山丘陵樱桃猪肉
超级黄金猪肉
花园黑猪
Warzwein
梦幻之肉古代猪
我的牧场彩之国爱彩

千叶县 2
林SPF
房综猪肉C

东京都 1
TOKYO X

神奈川县 12
饭岛先生的猪肉
神奈川之梦猪肉
相模绫濑猪肉
自然派王家
湘南美味猪
湘南纯种猪肉
湘南猪肉
丹泽高原猪
日本之猪大和猪
草本猪肉
海滨猪肉
山百合猪肉

山梨县 1
富士樱猪肉

长野县 8
驹岳山麓猪
纯味猪
信州野猪
信州猪肉SPF麓猪
信州猪肉美雪猪
千代福猪
Hayashi农场猪
舞猪

茨城县 9
奥久慈猪肉
国王宝食
地养猪
丝绸猪肉
小一猪肉
美味猪
美明猪
山西牧场
玫瑰猪肉

栃木县 4
黄金猪
栃木LaLaz猪肉
那须高原猪
瑞穗猪肉

群马县 28
赤城高原猪
赤城猪肉（上州品牌猪）
赤城爱猪
吾妻高原猪肉
梅之乡上州终极猪肉
江原草本猪未来
奥利根特色猪（上州品牌猪）
芜菁猪
皇后黑猪
皇后猪肉
黑猪tonnkuro
群马平泽猪
下仁田猪肉
上州鲜猪肉
上州黑猪
上州高原的熟成猪肉
poruko&poruko
上州麦育（上州品牌猪）
上州麦猪（上州品牌猪）
登山猪
日本之猪大和猪
Hi Pork（上州品牌猪）
健康猪（上州品牌猪）
榛名山麓黑猪
榛名山麓松田猪
榛名猪肉
纯种猪肉
峰猪
和猪特色猪

东北地区 41

青森县 8
奥入濑蒜香猪肉
奥入濑之大自然黑猪
奥入濑草本猪肉
川贤特色猪肉SPF
特色猪肉
津轻爱情猪
长谷川自然熟成猪肉
山崎猪肉

岩手县 16
i-coop猪
岩泉龙泉洞黑猪
岩中猪肉
岩手熟成猪肉
岩手纯情猪
北上山麓猪
折爪三元猪“佐助”
驹草SPF猪肉
白百合猪肉
舘森高原猪
常盘猪肉
南部纯种猪肉
南部皇家猪
日本之猪大和猪
白金猪
山百合猪肉

宫城县 5
北之杜桃生猪肉
纯和猪
志波姬猪肉
陆奥特色猪
宫城野猪

秋田县 3
秋田丝绸猪肉
秋田美味猪
十和田湖高原猪肉桃猪

山形县 7
高品质庄内猪
平牧金华猪
平牧三元猪
平牧桃园猪
健康猪肉天元猪
山形coop猪
米泽猪一级喂养

福岛县 2
日本之猪大和猪SPF
麓山高原猪

其他 5

伊藤火腿 5
黑匠
伊势志摩猪
岩手SPF地养猪
稔产地的地养猪
宫城地养猪

出自：（财）日本食肉消费综合中心《品牌猪肉手册》

鸡肉的主要品种

肉鸡

世界各地饲养的肉鸡，都是由白科尼什鸡、白普利茅斯鸡、科钦鸡、苏塞斯鸡等品种改良而成的。也有很多是农场、各地区通过独特的饲养方法喂养出来的。日本国内上市的鸡中，来自鹿儿岛、宫崎、岩手的占五成。

原有品种

到明治时期为止，日本的本土鸡种，或早期引进的鸡种有乌骨鸡、科钦鸡、军鸡、比内鸡等38个品种。

日本的日本产品牌鸡全国有176种

根据JAS的规定，所谓地鸡是指日本原有的血统较纯的鸡种和原有品种的血统占二分之一以上的鸡种。品牌鸡包括由肉鸡发展而来的和由地鸡发展而来的鸡种。不管是哪一种，在饲料、饲养方法上都下了功夫，与一般的肉鸡不同。地鸡和品牌鸡合称“日本产品牌鸡”，据日本食鸟协会的调查，日本全国有176个鸡的品牌。

鸡内脏的特征和烹饪用途

名称	部位	特征	烹调要点	烹饪用途
鸡心	心脏	含有丰富的维生素A、钾等	将周围的脂肪去除、清洗。竖着对半切开，去掉血块，清洗干净后放在冷水中浸泡，洗去血水后烹调	烤杂串、炖煮、油炸、炒制
鸡肝	肝脏	含有丰富的蛋白质，维他命A、维他命B_1、维他命B_2、铁等	用冷水浸泡30分钟后洗净血水，进行烹调	烤肉串、炖煮、油炸、炒制
鸡胗	胃	口感脆，没有腥臭味。脂肪含量少，热量低	从中间发白的部分切入，沿着表皮切的话，会变得柔软且易于食用	烤肉串、炖煮、油炸

品牌鸡的种类（全国有176个品牌，其中宫崎的品牌最多）

品牌鸡肉分布图（176例）

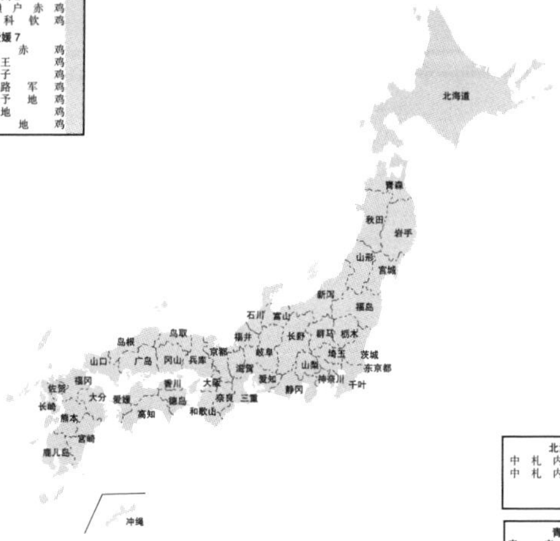

■中国、四国地区 30

高知 3
四万十鸡
土佐八金地鸡
土佐次郎

鸟取 4
鸟取产大山地鸡（大山军鸡）
山阴产大山鸡
Gaina鸡
鸟取草本潮骚鸡

冈山 4
吉备高原鸡
冈山桃太郎地鸡
冈山地鸡
冈山县产森林鸡

山口 2
长州鸡
长州赤鸡

德岛 8
阿波尾鸡
地养鸟
地养赤鸟
彩鸡
阿波鸡
德岛赤鸡
神山鸡
阿波酸橘鸟

香川 2
地鸡濑户赤鸡
讚岐科钦鸡

爱媛 7
伊予赤鸡
九王鸡
媛子鸡
伊予路军鸡
奥伊予地鸡
浜地鸡
道后地鸡

■东海地区 15

岐阜 1
奥美浓古地鸡

爱知 5
纯丝名古屋科钦鸡
三河鸡
三河赤鸡
奥三河鸡
名古屋科钦鸡

三重 9
奥伊势七保鸡
伊势鸡
伊势赤鸡
伊势赤鸡
熊野地鸡
松阪地鸡
伊势二见浦夫妇地鸡
青山高原鸡
青山高原赤鸡

■九州、冲绳地区 44

福冈 4
华味鸟
华味鸟red 90
福冈县产博多一番鸡

佐贺 3
有田鸡
佐贺县产若鸡
鸡骨太有明鸡
三濑鸡

长崎 7
云仙岛原鸡
长崎batten鸡
幸味鸡（特别饲育鸡）
长崎自然鸡（特别饲育鸡）
长崎香味鸡
草本饲养鸡肉
草本赤鸡

熊本 5
天草大王
肥后赤鸡
庭鸡
古处鸡
熊本科钦鸡

大分 2
丰后赤鸡
丰之军鸡

宫崎 13
高原草本鸡
雾岛鸡
健康梅鸡肉
日向鸡
日向赤鸡
特别饲育丰后鸡
日南鸡
大阿苏鸡
浜木绵鸡
宫崎都味鸡
沙拉鸡肉
宫崎地头鸡
宫崎县产森林鸡

鹿儿岛 10
萨摩草本悠然鸡
萨摩若军鸡
安心咲鸡
日本农场之樱岛鸡
日本农场之樱岛鸡gold
萨摩地鸡
赤鸡kukkuroze
南国元气鸡
南国元气赤鸡
萨摩地鸡

■近畿地区 20

兵库 11
但马鸡
但马之健康鸡
但马之味鸡
但马之里鸡
但马鸡
播州地鸡
播州百日鸡
丹波地鸡
松风地鸡
但马地鸡
蟹美鸡

滋贺 1
近江军鸡

京都 3
京地鸡
地鸡丹波黑鸡
京赤地鸡

大阪 1
葵之地鸡

奈良 1
大和肉鸡

和歌山 3
纪州梅鸡
纪州鸡
Horohoro鸟

■北陆地区 4

新潟 4
越后草本鸡
越之鸡
IP鸡
新泻地鸡

■北海道 2

北海道 2
中札内田舍鸡
中札内产赤鸡

■东北地区 22

青森 6
青森军鸡
真心鸡
惠鸡
五谷味鸡
樱姬
纯赤′鸡

岩手 9
清爽阿部鸡
南部鸡
奥州磐井鸡
奥之都鸡
地养鸟
菜彩鸡
陆奥赤鸡
鸡王
南部鸡肉

秋田 2
比内地鸡
秋田比内地鸡

山形 1
山形地鸡

福岛 3
伊达鸡
川俣军鸡
会津地鸡

宫城 1
宫城县产森林鸡

■关东地区 39

山梨 4
甲州地鸡
健味鸡
健味赤鸡
清爽健味鸡

静冈 7
美味鸟
地养鸟
静冈县产美味鸡
富士朝日鸡
一黑军鸡
鸡一番
骏河军鸡

埼玉 3
玉军鸡
彩之国地鸡玉军鸡
日本产鸡种播磨

千叶 9
地养鸟
华味鸟
美味鸡
综州古白鸡
爱菜草本鸡肉
名古屋科钦鸡
水乡若鸡
水乡赤鸡
房综地鸡

东京 2
香鸡
东京军鸡

茨城 5
八乡军鸡
八乡本味鸡
奥久慈军鸡
筑波地鸡
筑波茜鸡

栃木 3
锦鸡
那须之神那鸡
栃木军鸡

群马 6
名古屋科钦鸡
榛名赤鸡
榛名百日鸡
榛名若鸡
榛名黑鸡
上州地鸟

其他肉类的相关知识

绵羊肉

在日本饲养的绵羊很少，主要是从澳大利亚、新西兰进口。通常把出生后未满 1 年的称作羊羔，1 年以上的称作绵羊。羊羔肉与绵羊肉相比膻味少，肉质也更柔软。

山羊肉

在日本多被作为加工原料使用。有特有的膻味，小山羊肉味道较淡。山羊料理是冲绳当地的特色菜。

马肉

与牛肉相比，马肉的肌理稍粗，肉质相对较硬。肉呈樱花色。

鸵鸟肉

多是从美国进口的冷冻肉块。肉质较为柔软，清淡。适合做刺身、生烤肉、煎嫩肉。

鸭肉、杂交鸭肉

在日本饲养的鸭子基本上是肉鸭。家鸭和野鸭杂交的品种称为杂交鸭。

火鸡肉

火鸡肉的脂肪含量少、肉质柔软。在日本饲养得很少，绝大多数都是从加拿大、美国进口。

鹌鹑肉

雄性鹌鹑用于食用、雌性鹌鹑用于出产鹌鹑蛋。鹌鹑肉脂肪含量少，较清淡。多连骨头一起剁碎做成丸子，或做成烤串食用。

珍珠鸡肉

是非洲几内亚地区产的小型肉用家禽。日本也进口雏鸡进行饲养。

雉鸡肉

雉鸡是日本的国鸟，雉鸡肉质清淡、脂肪少、没有异味。

野猪肉

野猪是家养猪的原种。野猪肉质较硬，但风味独特。静冈、神奈川等地的“牡丹锅”以野猪肉为原材料，是当地的特色菜。

鹿肉

在日本饲养较少，基本都是从新西兰进口的冷冻鹿肉。鹿肉脂肪含量少、瘦肉多，味道清淡。

第3章

商品的陈列与策划

商品陈列的基本原则
——“方便浏览、方便挑选、方便购买”

肉禽的陈列方法以“纵向陈列法”为基本原则，按照商品种类、菜单用途等将商品放在同一场所纵向排列。排列商品的时候，要点是要排成一条直线。

为了突出商品陈列区，可以使用货架带、隔板等促销工具或 POP 来进行装饰，以有效地吸引消费者的注意力。因为“便于浏览的柜台”和“便于购买的柜台”是相通的。

例如，在“涮锅柜台”，从货架的最低层到最高层，摆放 2 尺（=3 个排面）的“涮锅用肉片”，就将涮锅柜台的特点凸显出来了。如果在“涮锅柜台”摆放里脊炸猪排用的肉就显得不协调了。

陈列商品的时候纵向摆放商品，对于顾客来说，商品一目了然，非常方便。

另外，顾客通常会在离柜台 50 厘米以上的地方浏览商品，所以商品柜台至少要保持约 60 厘米（2 尺）的宽度，但一个排面放一种的摆放方法会让柜台看上去杂乱，起到反效果。

一个排面放一种商品只适合摆放“附带商品”。比如在烤肉柜台，动物内脏商品量较少，可以作为附属商品用这种形式摆放。

图表①　多层冷藏柜各层的销售力指数

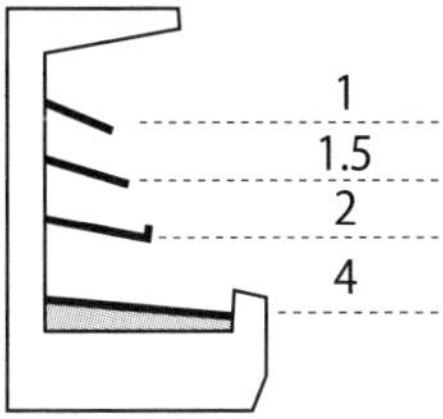

图表②　下层商品的促销例子

货架陈列和分类库存管理基准

肉禽部门，白天销售额的“高峰期”通常会出现两次。

第一次是在 11 点到 12 点的“上午高峰期”，第二次是在 17 点到 19 点的“傍晚高峰期”。

也就是说，如果不在这两个销售“高峰期”，通过“特卖、海报商品、限时促销、特卖会、活动”等手段赚取销售额的话，当天的销售额目标就无法完成。

那么，具体应该在“几点”来赚取销售额呢？促销活动应把握什么样的时机呢？

每天会有两次销售高峰期，也就是说在那前后会有 3 次空闲时间，首先要确认这 3 个空闲时间。以下列 3 个时间段为例。

① 开店→ 12 点

② 12 点→ 18 点

③ 18 点→关店

在高峰期售出的商品数量和金额会上升，所以必须做好柜台的“商品补给”工作。

反过来说，正是由于销售额上升的时间段商品会售罄，才要进行“商品补给”。这样不管是哪个时间段，出售的商品都会是新鲜度高的优质商品。

用 ABC 分析法来分析主打商品，从商品 A（销售额最高达

50%）和商品 B（销售额最高达 80%）的情况来看，日销售额为 50 万日元的话，A 和 B 可带来 40 万日元的销售额。1 天周转 3 次，“开店销售额”+“11 点销售额”+“17 点销售额”就完成了 1 天 80% 的销售额。

想让柜台在开店时达到最好状态，要做到以下 4 个方面。

①陈列（状态、分量、商品整理）

②新鲜

③店内促销、限时优惠的实施

④顾客服务（叫卖、店内广播等）

要确保实施好以上 4 个方面。然后在定好的时间段——开店时、12 点、18 点，能提供给顾客新鲜商品的话，整个柜台就成功地周转了 3 次。

当然，这要以在商品销售高峰期时柜台百分百完成商品陈列为先决条件，还要确保在高峰期时商品售罄。

商品新鲜度的保持和售罄的要点

为了保持商品新鲜度，在生产当天商品时，做到销售高峰期“售罄”的同时，还要为下一个高峰期的“商品补给”做好准备。

为了开店时较为轻松地布置好柜台，要从销售目标金额准确地算出一天所需生产的商品数量。

在此基础上，确定各类商品销售量，设定或生产销售高峰期时所需的必要的商品种类。这些都是保持商品新鲜度的要点。

基于生产预测的货架管理

如果最下层商品的最少陈列数量为 12 盒、1 天周转 3 次，那么可算出该商品 1 天能售出 36 盒。

大家有没有每天对单品的数量进行确认呢？

有没有对自己柜台的实际周转次数进行确认呢？

实际上，在一家 300 坪左右的超市中，货架下层的商品占 2 尺 3 个排面，销售量通常为 40 盒。也就是说，如果 1 次生产 12 盒以上的商品，就会导致商品过剩。

为保持柜台商品的新鲜度，在销售前把握好当天生产、当天销售的基础上，还要有商品的预测、生产能力。

为此，配合销售高峰时间，制作可生产商品指导手册及查验清单之类的商品制造计划表是非常重要的。

对于因特卖、限时促销等销售数量发生很大变化的商品，柜台负责人要根据以前的销售数据（单品销售实绩、时段销售额、购买指数等）来判断生产量。

从实际的陈列情况来推测的话，1 天周转 3 次的商品是陈列在最下层的商品。

在此，我们对商品进行 ABC 分析，按照图表③所示的模式对 1 天周转 3 次，也就是平时销售额处在领先位置的商品进行确认。

图表③　主打商品各商品、各时间段陈列量基准表

商品	规格	陈列量(盒数)				商品售罄
		开店	11点	17点	关店	
日本产牛外脊　牛排用	1块	6	10	10	2	可以
日本产牛腩　烤肉用	小	5	15	10	0	可以
黑毛和牛肉　肉丝	中	10	10	25	0	可以
日本产牛肉　肉丝	中	15	20	10	5	禁止
美国产牛外脊　牛排用	1块	5	15	10	0	售罄
澳洲产牛腹肉　烤肉用	中	5	10	10	0	售罄
澳洲产牛肩胛肉　边角肉	中	10	10	10	0	售罄
日本产猪里脊肉　涮锅用	中	20	20	30	10	禁止
日本产猪里脊肉　肉片	中	10	20	15	5	禁止
日本产猪肩胛肉、后腿肉　边角肉	中	10	20	15	8	禁止
日本产猪五花肉　肉片	中	10	30	20	5	禁止
日本产猪里脊肉　肉块	2块	10	15	10	5	禁止
日本产小鸡腿肉	1块	15	20	20	5	禁止
日本产小鸡胸肉	1块	10	15	10	3	禁止
日本产小鸡腿肉　肉块	中	20	30	25	5	可以
牛肉、猪肉混合肉馅	大	20	30	20	0	禁止
日本产牛肉　生烤肉馅	小	5	15	10	0	售罄
葱味叉烧肉	小	5	10	10	0	售罄
蒸鸡块	小	5	10	5	0	售罄
合计		196	325	275	53	
数量构成比		14%	23%	20%	4%	

图表④ 多层冷藏柜，2尺3层货架的最少陈列量和日销售盒数统计（总盒数66P）

上层		1天周转1次	
陈列量	6P		合计6P
第3层		1天周转1次	
陈列量	6P		合计6P
第2层		1天周转2次	
陈列量	9P		合计18P
最下层		1天周转3次	
陈列量	12P		合计36P

图表⑤ 将下层货架抽掉一层，以强化下层的促销模式

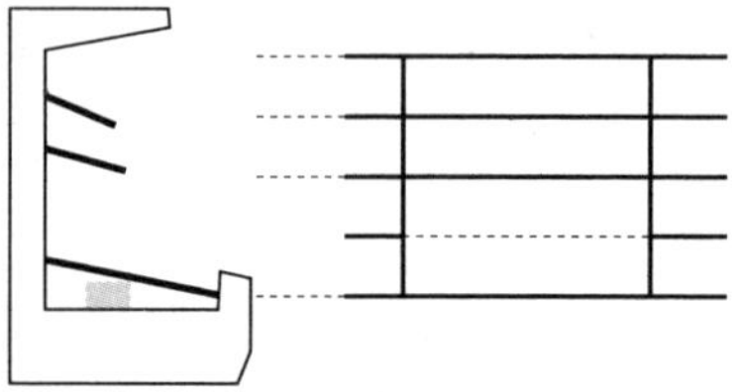

扩大促销商品的销售柜台

很多来店的消费者都没有决定好要买什么（在家做什么菜）。

所以要从战略上提高消费者的购买欲，以实现“想卖的商品＝想买来看看的商品”。

为实现这个目的，方法之一就是扩大销售柜台。顾客从进店开始到离店，会看到1万件以上的商品。

为了让顾客能从中购买1件商品，必须先让它停留在顾客的眼中。而解决这个问题的最简单的方法就是“扩大促销商品的销售柜台”。

其要点是拓宽商品的排面，让消费者很容易就注意到商品。

店里比较显眼的是日杂品端架，在端架上有时会陈列同一厂家生产的咖喱粉，以凸显整个柜台。

销售大量单品，用大柜台来展出商品，就会让顾客产生“今天试着做一下咖喱吧”的想法。

同样，在肉禽柜台，通过扩大单个商品的柜台，也可以让顾客产生“试着做一下涮锅吧”“试着做一下生姜烤肉吧”的想法。

另外，一般用3个排面的位置来陈列的商品，如果在傍晚进行限时促销，将排面扩大至6个排面来销售，销售额会成倍增长。

不过，与日杂品端架不同的是暂时扩大柜台可以发挥出效果，但商品售罄时必须恢复到原来的规模。

促销工具的设置

布置柜台时必不可少的是促销工具。以前的促销工具只有价目牌和“POP”，最近还出现了“手写 POP、叙事 POP”等。

因为有些顾客看不清 JAN 代码（Japanese Article Number 日本商品的条形码），所以必须在价目牌上将单价和商品名称写大一些。

在对商品进行促销时，为了向顾客强烈推荐某款商品，用手写 POP 或叙事 POP 来吸引消费者注意力比较有效。但要注意，如果叙事 POP 使用得过多的话，因为 POP 本来就太过醒目，会起到反效果，商品变得不好卖。

最近要求叙事内容要“有效果”的情况越来越多，触及日本《医药法》《JAS 法》等法律问题的 POP 也较多。所以使用 POP 进行促销时，为避免引起诉讼问题，对 POP 内容要引起充分注意。

促销工具有很多种，如告示牌、海报、货架带（特长 POP）、衬板带、竖隔板 POP 等，如果能有效利用这些工具，商品的纵向排列就能完美了。

如果把告示牌、海报贴在冷藏柜外侧的话，不容易被顾客看到，所以要贴在冷藏柜内侧上方镜面部分，这样比较醒目。

在更换货架等的时候，经常会出现促销工具歪斜了，或者忘了取下来等情况，为了避免遗忘，要将促销工具与货架一起移动。

图表⑥　平的冷藏柜上的各种促销工具的使用方法

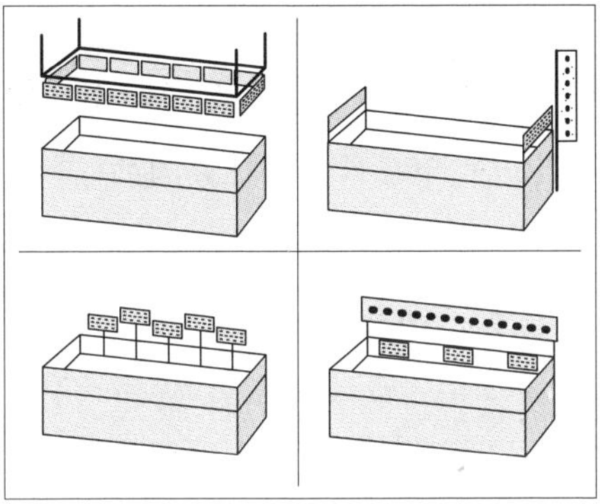

图表⑦　常见的 POP 样式

小包装商品的备货

如今，超市都面向所有家庭提供从大包装到小包装的各类商品。

例如，猪肉有从 1 千克的大包装到面向单人家庭的 100 克小包装等各种大小的包装。以 100 克 100 日元来计算的话，1 千克就是 1000 日元。

其中，小包装商品所占份额与以前相比变得多了，在很多超市占 2 尺以上的柜台。比如肉禽柜台的大小约有 30 尺，2 尺就相当于占了约 7%。

小包装商品要提高 3 倍的销售额

“小包装”的出现给单人家庭及每天只购买当天所需的商品量的消费者来说，是很有利的。对高龄消费者来说，可以避免不必要的浪费，可以说这是为消费者着想的商品包装。

也就是说，小包装商品符合“不购买不必要东西”的现代购物理念。

另一方面，例如，1 人份大概 100 克左右，每 100 克如果是 100 日元的话，该商品单价就是 100 日元。

从肉禽部门的收支来考虑，1 尺柜台必须达到 1 万日元的销售额。1 盒单价为 380 日元的商品要卖出约 27 盒。而单价为

100日元的商品，要想确保达到既定销售额就必须销售出100盒。

简单地计算一下，售出的商品数量达不到3倍以上就无法完成销售额。不仅是销售额吃紧，托盘的成本也变成了3倍，制造商品所需的时间也大约变成了3倍，所以作业成本也上涨了。

为了减少作业成本，有些企业将小包装或部分包装以店外包装的形式来处理。

比起店内包装这样的形式，降低了加价率、人工费，提高了作业效率，同时还满足了消费者对小包装商品的需求。诸如“手切烤肉”等费事、费时的商品，在店内有限的工时内完成就比较困难。

此外，还有如肉块、肉丝等只要用绞肉机就能完成作业的商品，能在店内完成操作，而且在保证加价率的同时，还能保障商品的生产。

但因为托盘与商品生产成本有关，生产大量商品时使用的托盘会导致成本的上升。所以生产大量商品时，为了减少托盘费用，最好用袋子来代替。

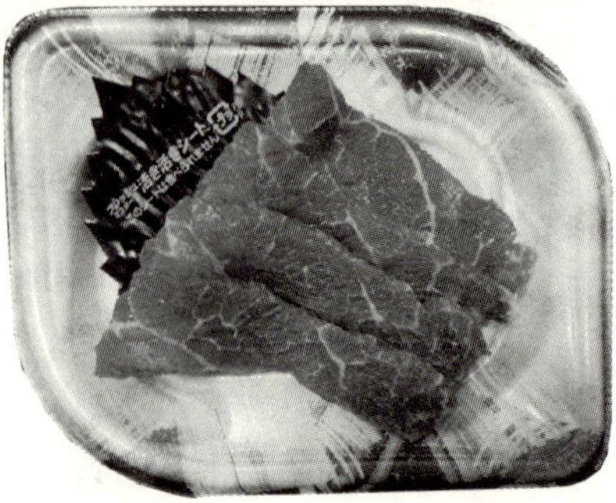

用托盘包装的商品，不适合大量生产

以消费者日常购买的鸡肉、猪肉为主

也就是说，没有必要对所有商品都采用小包装。

当然，消费者的要求越多，我们的备货也应该越丰富，但没有必要过分降低商品单价。

单人家庭、2 人家庭对小包装的需求很多，但需求量最大的是 55 岁以上的年龄层的消费者。单人家庭、2 人家庭以 20 多岁的年轻人居多，而在超市购买小包装商品的消费者中还是老年人所占比例比较大。所以，我们必须要考虑老年人所需的小包装商品是什么。

从供需平衡的角度来看，脂肪含量较多的和牛等商品，不是消费者日常购买商品中所必需的，所以这类商品不设定为以小包装出售。

但也有人会有“稍微吃点好的吧”的想法，所以在周末或搞活动的时候备些货也是有必要的。

消费者日常购买的商品主要以鸡肉和猪肉为主。包装以 1

人份、2人份的100～120克为宜。单价定在1盒100日元左右比较合适。

因为是要迎合高龄消费者的需求，所以要对商品加强脂肪的控制。

①猪肉

“猪小里脊肉块”要加工成脂肪少、肉质较软的商品。“里脊肉块”，要将脂肪去掉，加工成脂肪含量较少的商品。

薄肉片的销售，也要能满足涮锅的需求。

肩肉要根据需求备货，切成薄片的话，也可以成为与里脊肉对等的商品。

五花肉与其他肉片的烹饪用途不同，可作为日式煎饼、泡菜锅等的食材来销售。由于五花烤肉的食材脂肪含量过高，不太受老年人欢迎。

后腿肉、肩胛肉的边角肉以小包装销售。可用于猪肉酱汤、生姜烤肉、炖肉、炒菜等的烹饪。

图表⑧　猪肉的小包装出售

	部位	加工
猪肉	小里脊	肉块
	里脊	肉块
		薄片
	肩肉	薄片
	五花肉	薄片
	后腿肉	肉块
		边角肉
	肩胛肉	边角肉

②鸡肉

一般选购小包装鸡肉商品的只有高龄老人。

面向年轻一代的鸡肉料理，大多是用于做炸鸡等分量较大的鸡肉商品。所以去皮的鸡腿肉、鸡胸肉更适合年轻一代顾客的需求。

鸡腿肉的 thigh 部分对半切开销售，drum 部分切成 4 块肉块销售。

鸡胸肉较厚，难以烹调，所以要横切成两半，然后切片作为做煎嫩肉的食材销售。也可以切成小块（肉丝）作为鸡肉饭的食材销售，这样易于烹调。

鸡脯肉要去膜，以适合人数少的 1 ~ 2 块销售。

鸡翅以 2 根的包装销售。顾客一般会用来炖煮，或做成甜辣味的菜肴。

鸡胗一般作为黄油饭的食材等销售。要去掉鸡胗上面的白膜并切片。鸡肝作为炒韭菜的搭配受到女性的喜爱。用一只鸡的鸡肝的分量来包装，会比一般的包装更好卖。

图表⑨　鸡肉的小包装出售

	部位	加工
鸡肉	(去皮)鸡腿肉	半只
		肉块
	(去皮)鸡胸肉	半块
		小块肉
	鸡脯肉	1块
	鸡翅根	2根
	鸡翅中	4根
	鸡翅	2根
	鸡胗	切块
	鸡肝	1只鸡的分量

③牛肉

一般为小包装的肉丝商品。

但是，与猪肉、鸡肉相比需求量相对较小。

周末、搞活动的时候，最好销售一些“半块牛排”“烤肉用80克装（假设1人份为80克）”等商品。

这不是满足单人家庭或2人家庭买一两盒的需求，而是满足想买量少而种类多的商品的家庭或人群的消费需求，是面向小分量需求的家庭的商品。

④成套商品

始于便利店的“配有蔬菜的成套商品”也将是超市今后销售的重点。

这不是指以前由调料制造商提供的“调味烤肉”商品，而是指在1盒商品中配上1人份、2人份的小菜的成套商品。

今后在肉禽商品中，这种成套商品将成为决定销售额的重要商品类型，超市需要与制造商合作来完善这类商品。

作为下酒菜的烤牛肉适合小份包装

⑤下酒菜商品

“下酒菜商品”食材往往会成为单人家庭或2人家庭的附带购买商品。

烤牛肉、马肉刺身、葱味叉烧肉等下酒小菜及肉类家常菜都是单价不超过200日元的商品。

下酒菜商品基本不需要大份包装。销售的重点是包装分量要唤起消费者“想稍微吃点”的需求。

1尺柜台的销售额目标3500日元

因为小包装导致商品单价下降了，所以要保证销售额就比较困难。

如前文所述，1尺按1万日元的销售额来计算，假设销售额的 35% 为加价数，那 1 尺柜台就要产生 3500 日元的利润。在商品单价下降的情况下，1 尺柜台也能带来 3500 日元的利润的话，收支平衡还算不错。

反过来算，1 件商品 100 日元，那就必须有 35 日元的利润。

以上是在 100 盒商品全卖掉的情况下得出的结论，如果只卖出了 50 盒商品，1 盒的加价数就必须达到 70 日元，但这在现实中是不可能达到的数值。

然而，如果是鸡肉、下酒菜商品的话，加价率提升到 50% 是有可能的。

从最终的综合毛利润来看，达到 35%，也就是 1 尺柜台获得 3500 日元的毛利润还是没问题的。

所以，从畅销商品数量反过来算必须要达到的加价率，然后再次对商品进行调整，开展小分量包装商品的销售是有必要的。

最近大家所说的“从消费者的角度来制作商品”，从商品买卖的角度来说，实际上还是要谋求必要的利润。

为了盈利，重要的是要在细致地设计和加价计算的基础上展开商品销售，这样才能完成销售额，获得利润。

第4章

提案和店内促销

3 种店内促销方式

“店内促销”是指“在店里做的促销活动”。

这是各店铺通过店内陈列、演绎技巧等来激发顾客购买欲的十分重要的手段。

对肉禽柜台的销售额有影响力的促销活动分“专柜布置”“每日更换”“分时间段的‘三毛作战策略’”3 种。

专柜布置

首先，我们要考虑的是销售额的基础——柜台构成比例。

店铺所在地的地方特色是最关键的，东日本以猪肉文化为主，西日本以牛肉文化为主，地区的不同造成了饮食文化上的差异，所以畜种也要跟着变化。

超市最好通过参考由总务省统计局的“家计调查”中各都道府县的数据，来考虑柜台商品的构成比例。

消费金额是在实际使用掉的金额中，有助于销售额的部分。但考虑到柜台的运营，以商品数量（重量）的构成比例来布置柜台比较有可操作性。

图表①所显示的是 2012 年各类商品在日本全国的平均数量构成比，表中分别列出了在 60 尺、30 尺、15 尺大小的柜台，各畜种所占的比例。

图表①　各类商品在日本全国的平均数量构成比

	牛肉	猪肉	鸡肉	混合肉馅
金额构成比	32.1%	41.9%	22.5%	3.4%
60尺店铺	19尺	25尺	14尺	2尺
30尺店铺	10尺	13尺	7尺	1尺
15尺店铺	5尺	6尺	3尺	1尺
数量构成比	16.1%	44.7%	34.8%	4.4%
60尺店铺	10尺	27尺	21尺	3尺
30尺店铺	5尺	13尺	10尺	1尺
15尺店铺	2尺	7尺	5尺	1尺

每日更换

考虑到工作效率、工时等因素，一般每天更换一两种店内的特卖商品。

每天更换的商品内容，多是商家根据特卖品来决定，但也有根据时机、超市其他部门的促销情况、竞争店的促销商品来进行更换。

①工作日的提案　目标金额 +1 万日元

一般而言，因工作日顾客数量减少，销售额也会随之下降，想增加销售额是很困难的。

工作日商品价位低是首要条件，销售高级的小包装商品不利于提升销售额。

②周末的提案　目标金额 +3 万日元

周末、节假日、长假前等日子，通过手工制作的提案向顾客推出店内促销商品。

特别是如果第二天是假期，可以提案“哪怕比平时稍微多花点时间也要吃得满足”“可以小小地奢侈一下”之类的菜单。可将边角肉加工成特卖的汉堡肉、饺子、炖肉块、红烧肉、猪排等可操作性强、有利于提升销售额的商品。

③其他部门的对策　目标金额 +5000 日元

做肉禽特卖活动的话，水产、副食等也要配合着做店内促销。所以，最好准备一些比其他部门的促销商品稍上乘的商品。

例如，水产柜台推出秋刀鱼 100 日元 1 条的话，肉禽柜台则推出低价位的“牛肉丝”；副食柜台推出“炸猪排 1 块 198 日元”的话，肉禽柜台则推出“里脊肉排 1 块 100 日元”等，以这样的方法来决定店内的关联产品。

蔬菜柜台在做白菜、卷心菜特卖的时候，肉禽柜台顺势推出火锅用鸡腿肉块、炒面用猪肉丝等商品的话，可以提高销售额。

④出人意料的菜单提案　目标金额 +5000 日元

夏季推出火锅提案，冬季推出烤肉提案，会出人意料地畅销。

夏季虽然炎热难耐，但有很多女性喜欢在开着冷气的房间里吃“泡菜火锅”。

反之，冬季总是吃火锅或热菜的话，有时也会产生想吃烤肉的想法。虽然这种促销不会带来大幅度的销售额提升，但可以确保销售额的增加。

分时间段的“三毛作战策略”

一天当中，来店铺的不可能都是同一层次的顾客。“三毛作战策略”是指将一天分成开店后、傍晚、夜晚三个时间段，根据不同层次顾客的需求做三次提案。

更换所有商品是不可能的，所以要设置特卖柜台或促销专柜，最好每个时间段布置成不同特色的商品专柜。

· 开店后

每天在这个时间段来购物的消费者多是老年人，或者家庭主妇。

老年人一般把超市当作“冰箱”来看待，只会买少量商品，不能指望他们来提升销售额。要以家庭主妇为主要销售目标，以家庭装的形式推出方便的、便宜的商品。

· 傍晚销售高峰期

傍晚时候，顾客必定会增多。在这个时间段获得附加销售额，是有效提升销售额的秘诀。

要将促销商品限定在几个品种中，展开单品的大量销售。

另外，销售“肉类小菜”也有利于提升销售额，关键是要供应“回到家马上就可以吃”的商品。

· 19 点以后

过了 19 点以后，客源变成了下班回家的人们。

其中最多的是单身一族，年轻女性也是这一时间段的促销对象。

所以建议推出让人放心的有商标、品牌的，适合单身一族的“肉类小菜”。以品牌鸡肉的烤鸡肉串、炸鸡块、汉堡肉为主的下酒菜也是畅销商品。

每个季节的专柜和柜台布置

季节不同，畅销的肉类品种也会发生变化，要根据各店畅销商品及时进行微调。体现季节变化的食材商品要做成2尺（3排面）以上的专柜。

春夏季的柜台和专柜

· 牛肉

“烤肉菜单”是这时的主打菜单，柜台以“牛排、烤牛肉”为主，在牛肉销售比例中占六成，而薄肉片、边角肉的销售占四成。

作为关联商品出售的烤肉用作料的备货要充足。

· 猪肉

要让设有“凉涮肉（蒸涮肉）专柜”的柜台气氛活跃起来。

还要设置“烤肉菜单”系列的“生姜烤肉、猪排用肉块”等相关商品的专柜。

“凉涮肉”的调料要准备以芝麻味和果醋系为主的商品。

· 鸡肉

主要销售“炸鸡”用的鸡肉块，鸡的腹部筋肉和颈肉是烤鸡肉串的主要食材，备货要充足。

另外，还要推出生的烤鸡肉串、微波烤鸡肉串，设置能够与烤鳗鱼相匹敌的烤鸡肉串专柜。

· 加工商品

香肠，建议主要销售法兰克福系的适合 BBQ 的粗香肠。

火腿产品要满足制作沙拉的需求，给人以凉爽的感觉。

图表②　春夏季的柜台布置 ※灰色部分是畅销类商品

牛肉			猪肉				鸡肉			肉馅	加工商品				
牛排	烤肉、BBQ	牛肉片	凉涮肉	猪肉片	生姜烤肉	炸猪排	鸡肉块	纯鸡肉	烤鸡肉串	肉馅	香肠	培根	火腿	汉堡肉	烤猪肉片

秋冬季节的柜台和专柜

· 牛肉

促销以薄肉片和边角肉为主的“日式牛肉火锅”食材。

薄片肉占牛肉销售比例的七成，而牛排、烤肉的占比为三成。同时要备货作为关联商品销售的日式牛肉火锅作料汁。

· 猪肉

要让设有“涮锅（温涮肉）专柜”的柜台气氛活跃起来。

可以的话要与“凉涮肉”的销售场所区分开，让人很容易区分出与春夏季的不同。

以薄肉片、边角肉为材料的“热菜菜单”的提案也很重要。

对用可操作性较强的里脊肉加工的“生姜烤肉、炸猪排用”等商品，要着力进行销售。

在冬季柜台，“芝麻味的涮锅调料”尤其畅销，要备齐品种，以期待销售额倍增。

· 鸡肉

鸡肉块可作为“火锅用”设置成专柜。

在火锅专柜，“火锅用的生肉丸”一定要备货，包括店内加工的“肉丸”。

关于店内加工的商品，不是为了廉价出售，而是要使用“安全放心的品牌肉”来制作商品。

· 加工商品

香肠要选择粗加工的、大小适合火锅食用的香肠。

培根肉块、叉烧肉、炖肉块等关联商品也很畅销，所以要提高销售比例。

图表③　秋冬季的柜台布置 ※灰色部分是畅销类商品

牛肉			猪肉				鸡肉			肉馅	加工商品				
牛肉火锅	烤肉	牛排	涮锅肉	猪肉片	生姜烤肉	炸猪排	火锅柜台	鸡肉块	纯鸡肉	肉馅	汉堡肉	腊肠	火腿	培根	烤猪肉块

托盘的促销效应

如今，托盘的种类更丰富了。

所以托盘成为吸引顾客目光的手段，商品动向也随之发生了变化。

例如，在“烤肉专柜”，统一用银色的托盘，让在远处的顾客也能一目了然地知道这里是销售烤肉的柜台；在“凉涮肉专柜”，用冷色调的绿色、淡蓝色的托盘不仅能演绎出清凉感，还能将各类柜台明显地区分开。

由托盘产生的效果，是指使用肉禽柜台没有的颜色的托盘，或者标准托盘（四方形，大约宽 20 cm）以外的托盘而产生的区分效果。

但把所有的托盘都换掉的话，就变成了没有特征的柜台，失去了促销意义，所以此种促销手段的要点是，在标准托盘中采用部分具有促销效应的托盘。

托盘的尺寸效应

商品不能以 1 个种类 1 个 SKU 来销售，至少要以 2 个 SKU 以上的单位进行销售（简单地说，1 种商品要分大包装、小包装来销售）。

通过增加 SKU，可以满足不同规模家庭的需求，从而提升销售量和销售额。

选择项太多的话反而使顾客难以选择，以3个SKU来销售则刚刚好。

大包装商品和小包装商品在同一柜台销售的时候，如果柜台是分上下层的，一般的规则是下层放大包装，上层放小包装商品。但在一些小型超市，或老年消费者较多的地区，也有相反的情况。

在同一层货架上陈列大包装商品和小包装商品的时候，一般按照客人浏览商品的顺序由大到小进行排列。

但是，在商品陈列空间较小的场合，例如大包装商品和小包装商品只能陈列在3个排面以内，这种场合的话，一种摆法是按照客人浏览商品的顺序由大到小地排列。一般惯用右手的人较多，所以还有一种摆法是在右侧摆大包装商品，左侧摆小包装商品，这样，右侧的大包装商品会比较好卖。

托盘的形状效应

可以通过托盘的形状来给商品分区。

涮锅柜台一直使用的是圆形、扇形托盘。

在四方形的标准托盘中出现圆形托盘的话，比较容易吸引顾客的目光。

近来，船形托盘、刺身托盘、寿司托盘等也经常出现在肉禽柜台，可将普通商品和高档商品区分开。

不过，非常规形状的托盘、带盖子的托盘等成本较高，标准托盘 1 个 6 ~ 10 日元，而带盖子的托盘 1 个要 30 ~ 50 日元，贵一点的接近 100 日元。

因此，托盘中所装商品必须是成套商品、等级较高商品等切实能获得利润的商品。

托盘的颜色效应

以前只有白色的标准托盘，或木纹、黑色的托盘。现在有用柔和色调、日式花纹等各种元素调和而成的各种托盘。

另外，还有很多富有高档感的金色托盘等托盘，可以根据菜单、材料分开使用。

有效的托盘促销范例①

但是，要注意的是，整个柜台都用不同颜色的托盘的话，会起到反效果，会将要力推的商品埋没掉。

有效的托盘促销范例②

有效的托盘促销范例③

第5章

肉禽部门的“操作”

维持商品新鲜度的操作

越来越多的企业将从原料进货到商品通过 POS 机，或者说到废弃处理的“目标天数（库存天数）”设定为 1.5 天。这里所说的库存天数如果指的是“不采购的情况下，当前的库存几天会消耗掉”的天数的话，可以用 **库存（消化）天数 = 库存商品的卖价 ÷1 天平均销售额**来进行计算。

由于肉禽商品的保质期是固定的，所以从标价到售罄的时间，生食为 D+0，“鲜肉、半成品”为 D+1 或 D+2，冷冻商品为 D+30 左右。对“库存天数”影响最大的是从原材料（商品）进货到上货架陈列这段时期。

店铺的库存管理现状是生食当天制造（或者进货）、当天售完。

其他畜种的肉类商品中，牛肉半头组合、1 头组合交货的情况下，根据店铺规模会有很大的变化。1 个月要用到 2 头牛的肉的店铺，1 周会用到半头组合的牛肉。如果是用四分之一组合的话，“库存日期”也会减半到 3.5 天。有的店铺猪肉会用半头组合，但绝大多数超市都是用局部组合。如果只交付每天要使用的量的话，1 ~ 2 天可以周转。鸡肉也是同样的，只交付 1 天能够用掉的量，1 ~ 2 天可以把库存消耗掉。但是，在地方城市或山区的店铺，因为日销售额比较低，商品的周转率较差，最终会导致库存天数变多，这种情况很常见。

生产商有特卖商品、滞销商品，或者集团、连锁店统一投送、交付材料的场合，店铺会出现难以很好地控制库存的情况。这种情况下，要做到事先把握好商品的交货量和金额。通过电脑对每天的交货进行仔细的确认。

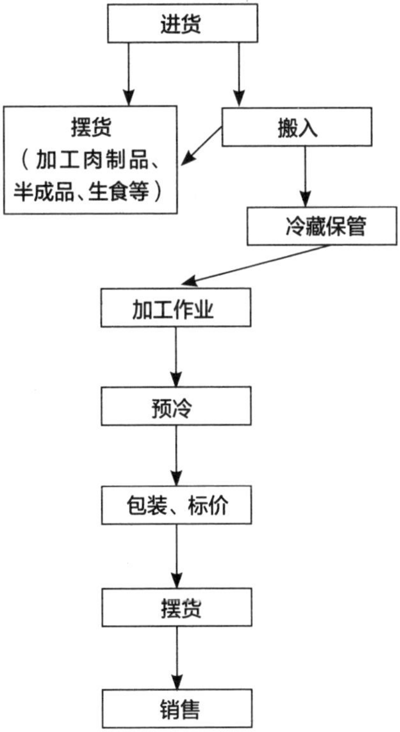

从“原料进货”到销售的流程

加工过程的分阶段商品管理和要点检查

为找出库存过剩的原因，首先要找出商品从订购到进货、售罄，直至月度结算过程中可能存在的问题点及需要检查的项目（见图表①）。根据交付商品的形态，检查的重点也会发生变化。

有的企业直接将商品交付到店铺，有的会在交货中心进行商品交付，有的企业负责商品的包装工作，所以对不同企业的交付品，检查项目也会不同。

首先，在**订货（①）**阶段，要以有计划订货为前提。每天都要在较为准确地预测销售数量的基础上适量地订购货物，这样就能有效地削减多余库存量。同时，适量地订购也可以减免不必要的工作和作业量。

在**进货（②）**阶段，要检查是否按照订购数量进货。

这时，要检查商品的新鲜度、肉的色泽，检验真空包装的泄漏问题，并及时实施适当的处理。

商品要放入**冷藏间保管（③）**，对所有商品进行货架管理，按照日期的新旧顺序排放好，保管时间越长，库存日期也就越长。

在冷藏间保管的商品，通过适当的**加工作业（④）**，成为可出售的商品。商品未售完的话，在店内的滞留时间就会变长。

为了缩短这一时间，实施"新鲜度管理"很重要。加工作业如果超过 20 分钟，商品的中心温度会持续上升 3℃～4℃，新鲜度就会明显恶化。所以，加工商品的过程最多不要超过 20 分钟。

另外，加工时间一长，被细菌污染的概率就会增加，商品与操作人员的手的接触也会变多，所以加工过程一定要迅速。完成加工的商品在进行包装之前，要在冷库内进行 20 分钟左右的**预冷**（⑤）。这是因为在加工处理过程中肉的温度会上升，直接进行包装的话，移动至柜台时其温度就难以下降，新鲜度也会进一步恶化。

此外，通过包装前的预冷，也可以让商品成色呈现最好的状态。预冷后的商品要进行快速**包装、标价**（⑥），并陈列到销售柜台。

对陈列好的商品，要做好新鲜度管理，陈列量、日期的日常检查工作。要处理好有肉汁渗出的商品、有破损的包装，以保证**销售**（⑦）的商品时刻处于最好的状态。在这种情况下如果还有卖剩的商品，或新鲜度有所下降的商品，要进行“降价处理”，做到将商品**售罄**（⑧），以保证柜台陈列的商品一直处于新鲜的状态。

但如果为了提升销售额，将不新鲜的商品或者日期较旧的商品一直陈列在柜台内，会起到反效果，会影响其他新商品的销售，这一点要注意。

每天这样的积累在很大程度上影响着销售额，在进行**月度**

结算（⑨）的时候，要将库存数量和库存天数以数字的形式标明。从理论上来讲，提升每天的销售额、减少库存量必然会减少库存的天数（减少月末库存，表面上也能实现库存较少的状态）。

另外，在进行盘点的时候有几个重要的事项，除了销售额、毛利润、库存量，还要注意“商品周转率”。

通过以下方式可以从账面上的库存量算出平均库存量。

平均库存量 =（期初库存量 + 期末库存量）÷2

这虽然是个简便的算法，却可以准确地算出月平均值。

此外，“商品周转率”是确认某个时期内新旧商品的库存交替次数的重要商品管理数值，可通过以下方式计算：

商品周转率 = 销售额 ÷ 平均库存商品金额

用数值来表示的时候，不是用百分比，而是用周转次数来表示。

用商品的周转期间来表示“商品周转率”的叫作“商品周转天数”，用以下公式来计算：

商品周转天数 = 期间天数 ÷ 商品周转率

在逐一理解这些数字的基础上对商品实施数据管理，但并不能对减少库存量起到作用。

图表①　商品加工过程的检查要点

项目	检查要点
①订货	确认库存数量
	确认特卖商品、重点销售商品，注意不要过量订货
	通过掌握天气、星期、竞争店的信息、售价、进货价、行情、气候、节日活动等要素来预测销售量
	掌握每天的销售额和订货数量(重量)，以每天所需的最低数量进行订购
②进货	确认订购数量和保质期
	确认产品新鲜度和真空包装有无泄漏
③冷藏间保管	掌握所需的最低库存量，按商品日期的新旧顺序进行货架管理
	做好库存管理(包括商品种类、数量、保质期等)
④加工作业	作业间的操作控制在20分钟内完成，确保商品新鲜度
⑤预冷	对商品进行20分钟的预冷处理，以延缓变色和新鲜度降低
⑥包装、标价	高效率地进行包装，包装完成的商品迅速运往销售柜台
⑦销售	时常检查商品的陈列数量，发现有肉汁严重渗出的商品要迅速拿回后备存储间进行适当处理
	注意冷藏柜的温度控制
⑧售罄	根据保质期和新鲜度适时对商品进行降价或废弃处理
⑨月度结算	通过减少每月库存量来降低商品的库存天数
	掌握库存相关数值：销售额、毛利润、盘点库存量、账面库存量、库存天数、商品周转率

以数量为基础掌握特卖商品的库存量

“店长！进了60千克特价鸡腿肉，5点开始进行限时特价销售”，下班前“店长，鸡腿肉卖掉了6万日元”，经常能在店长室里听到这样的对话，是一个展现了有关销售额的很有满足感和成就感的场景。

但仔细想一下，随着行市的变化，鸡肉的进货单价也时常发生变化，有每千克卖700日元的时候，也有每千克卖500日元的时候，所以利润浮动也很大。

因此，掌握每天特价商品的进货量、销售量、金额是非常重要的。很多店存在的问题是，不以数量（或者重量）来对商品进行管理。

以金额为基础进行商品管理的话，在订货的时候经常会出现“上次卖了 6 万元的商品，是多少千克”这样以推测来订货的现象。也就是说，如果有了卖掉多少千克多少金额的信息，下次卖掉同样多的商品的概率就提高了，前一次的数据就起到了重要的参考作用。超市在一个地区会经营较长的一段时间，相同的顾客会多次来店消费，所以店铺就掌握了商品的销售数量（或者重量），从而避免库存堆积现象。

店铺每天都会有一些活动、广告、特卖、限时特卖等，为此必须进货。令人意外的是傍晚时候的限时特卖也有很多的不确定，有售罄的时候，也有完全卖不出去而出现不良库存的时候。

为避免不良库存，还是要在与其他各店进行信息交流、掌握畅销商品信息、设定商品价位方面多加注意。但最基本的是，每天即使搞限时特卖活动，也只进卖得掉的货量，然后把商品都卖掉，这样就不会产生任何问题。

广告、特卖、星期特卖等，不管是什么促销活动，都要按照销售计划来订购商品，这样就不会引起问题。

不管是什么时候，都要将制订计划、按计划实施、检查这几项工作做好。

工作流程的要点

1个月的工作流程——将部门方针落实到店铺

①确认商品部月计划

确认一个月内的惯例活动、特别活动以及相关商品的销售情况等，掌握大的流程。

有大活动（圣诞节、年初、年末等）的场合，要就重新评估前一年的数据、提高订货精确度、商品加工等方面展开讨论。

②确认备货情况

从POS数据对商品的备货进行重新评估，然后进行商品调整和本月的订货。

③确认业绩管理月报

对库存盘点、销售额、毛利润进行确认，对损耗管理、库存管理等方面进行数据管理。

④盘点

确认期末库存，算出确切的毛利润，进行业绩管理。

⑤制订出勤计划和排班表

在劳动时间管理方面，要以工时销售额、劳动分配率为基础算出必要的工时，然后制订出勤计划表和排班表。

⑥肉禽部门的会议

会议上确认部门方针、获取所需信息，汇总业绩管理月报分析结果，整理向店铺运营部、商品部的汇报资料。

1 周的工作流程——通过掌握数据来理清月度预算

① 1 周销售计划

确认商品部的特卖、促销信息。对重点销售商品和 1 周销售商品进行确认。

在特卖会、搞活动时，将所需的促销品备好货。做好每天的商品陈列底账。

②确认管理周报

以周为单位对销售额、毛利润、损耗、库存情况进行确认，通过确认前一周的目标达成情况，以及本周的成交情况，对销售额和毛利润目标进行微调。尽量做到每周盘点库存。

③确认 POS 数据

对各类商品进行销售额、毛利润、损耗的确认，重新评估各类商品的柜台。按照 POS 数据进行 1 周的订货，修正月订货量的偏差。

④调查竞争店

对竞争店进行定点调查，掌握对方的动向和计划。

1天的工作流程——各时间段的注意点

采购人员要预计3个月到1年以后的情况，然后制作工作流程。

该流程由店长在肉禽负责人会议上落实，并在店里实施。

店铺将一个月的预算分配到每一天来进行订货、店面布置，获得销售额。

开店前的运作

①营业前的检查

为了顺利完成一天的工作，要对操作间、销售柜台进行全方位的检查，掌握好所有情况。

· 从报纸上确认牛肉、猪肉、鸡肉的行情。

· 确认冷藏柜、冷藏室、冷库有无异常。确认用具、备品的定位管理。

· 确认前一天的作业情况和柜台情况。

· 确认后备间（冷藏间、冷库、过期处理间）的库存。

②柜台商品的确认

·对留在柜台（未售出）的商品进行确认。检查肉汁、褪色、变色、异味的情况。

· 对继续销售的商品保质期进行确认。

· 确认后备间的过期商品的日期和新鲜度。

· 确认当日特卖商品的单价。

· 在检查柜台商品的同时，进行柜台货架的清扫和确认清洁度。

③部门会议

· 为了能够有效率地开展开店前的工作，按照当天的工作指导书进行任务分配和加工量的确认。

· 与职员、临时工等所有的从业人员确认销售额目标、特卖、广告商品。

· 让全体工作人员了解前一天的销售额完成情况，让员工带着紧迫感开展工作。

④商品加工

· 优先加工卖场上没有的商品、广告商品、特卖商品。

· 即使时间紧迫，加工过程也要注意卫生。

· 尤其注意牛肉要预冷 20 分钟以上，待其发色后进行包装、标价。

· 要用商品将柜台百分百地填满，按柜台次序决定生产商品的优先顺序。

⑤柜台布置

· 根据商品陈列的底账，按列陈列商品。

· 检查 POP、促销工具，避免价格标错。

· 所有商品纵向排列，全部采用前进陈列方式。

⑥订货

· 检查每天的订购商品和单价。

· 向各同业者订购特卖商品。

· 在对后备间进行库存确认后，修改订购单。

· 预测隔天早上的商品生产量，然后进行订单修改，通过预测次品、合适的库存情况来进行商品订购。

⑦早上检查店外包装商品和核心商品

· 商品检查（订购数量、生产、偏差、新鲜度）。

· 商品检查完成后进行陈列。

⑧开店前的检查

· 确认商品陈列情况。确认柜台是否按照指示进行了布置。

· 检查标价牌、POP、促销工具、商品单价。

· 检查卫生情况。

· 确认纸箱、卡片等的整理情况。

开店后的运作

⑨确定当天商品的库存生产

· 调整商品生产量。

· 指定当天重点推出的商品和限时促销商品。

⑩后备储存间的整理和整顿

· 处理开店前在商品制作过程中产生的纸箱和垃圾。

· 再次确认库存是否合适，根据需要订购商品。

⑪废弃处理和销售变动的处理

· 废弃前一天的残留商品。

· 商品的价格变更和二次加工处理。

⑫店内会议

· 根据商品部的指示，告知从业人员特卖商品和广告商品。

· 确认当天要促销的商品。

· 设定当天的销售额目标，给出未达成目标时的对策。

· 确认销售方法，提出销售关联商品的要求，给收银人员指出注意事项。

· 告知从业人员本部门的问题所在。

· 检查 POS 信息。

傍晚销售高峰期的运作

⑬开展限时特卖活动，开辟傍晚市场

· 选定完成销售额目标的商品，确定生产数量。

· 确认 POP 和标价牌。

⑭销售高峰期的柜台布置

· 确认有无次品，并及时补充商品。

· 将优惠商品摆放在显眼的位置。

· 撤下剩余商品。

· 减少后备间的商品库存。

⑮加强促销

· 剩余商品和限时特卖品的促销。

· 通过店内广播和叫卖来促销。

· 柜台的商品整理。

从傍晚高峰期后到夜间的运作

⑯商品售罄

·将商品的废弃损耗降到最低，尽量做到全部售罄。

·通过改变商品的陈列来扩大售罄商品的可视率。

·通过改变商品的包装分量和对商品进行二次加工，达到售罄目标。

·对商品进行打折、降价销售。

⑰后备存储间的清洁和维护

·为保持卫生的商品生产环境，进行清扫、整理整顿等工作，要对“5S”（整理、整顿、清扫、清洁、训练）管理进行贯彻。

·因为清扫过程中容易发生事故和受伤等情况，所以要贯彻实施安全作业。

⑱第二天的工作安排

·准备好促销工具、POP、标价牌。

·关店后指导从业人员摘下POP、标价牌。

·准备好推车和购物篮。

⑲事务处理

·做好第二天的作业指导书和柜台变更指导书。

·确认发票。

·指导商品的收纳和废弃工作。

·店长、经理、夜班店长的工作交接。

开店前的作业指导工作步骤

开店的时候，以百分百地准备好商品为起点开始一天的工作。

开店前的商品生产量约占一天要完成的目标量的40%左右。全部按照目标数量来进行商品生产的话，开店时就无法做到百分百地备货。

因为有限的人手中还必须有人进行柜台管理工作，所以开店时的百分百备货要以所需商品量的最低限度来进行，要制订能较为轻松地完成当天商品生产量的实施计划。

图表②③是开店时的商品检查清单。在确认商品库存量之后制订开店前的检查清单，可以提高工作效率。

检查工作由各负责人进行，在掌握自己部门作业情况的基础上对作业进行指导。

另外，负责人还要备有记录预订生产量的作业指导书，以提高工作效率。作业指导书要按照商品的优先顺序来记录，分发给各负责人，以期待他们迅速地进入作业状态。

配合各销售高峰期的“处理作业”是指高峰期过后对商品库存量进行确认，对开店时商品陈列量不足的情况进行检查，然后只生产与预订计划生产量之间的差额部分。

这也会影响到当天的商品销售情况，所以负责人一定要把握好此情况。

图表②　商品预订生产量计划书(在开店前定好数量)

商品名称	规格	陈列数量			
		预订销售量	冷藏间剩余量	成品量	最低陈列量
日本产猪里脊肉　涮锅用	大	40			12
日本产猪里脊肉　涮锅用	中	20			9
日本产猪里脊　肉片	中	20			9
日本产猪肩、臀　边角肉	大	50			12
日本产猪肩、臀　边角肉	中	20			6
日本产猪五花肉片	大	30			9
日本产猪五花肉片	中	10			6
日本产猪里脊　肉块	5块	5			3
日本产猪里脊　肉块	3块	5			5
日本产猪里脊　肉块	2块	8			3

图表③　开店前库存检查清单(在作业前进行检查)

商品名称	规格	陈列数量		
		柜台剩余量	陈列量	不足量
日本产小鸡腿肉	2块	5		
日本产小鸡腿肉	1块	2		
日本产小鸡胸肉	2块	3		
日本产小鸡胸肉	1块	2		
日本产小鸡腿　肉块	中	0		
日本产小鸡翅根	小	1		
日本产小鸡翅中	小	4		
日本产小鸡翅尖	小	3		
日本产小鸡　鸡胗	小	0		
日本产小鸡　颈肉	小	0		
日本产小鸡架	小	0		

傍晚的甩卖和售罄要点

一天当中最后一次销售高峰期（19 点前后）结束后，销售额的涨幅就变小了。

除必要商品外，明确要售罄的商品。

必要商品的话，只要保持不低于预先定好的最低陈列量就可以了。

考虑到利润层面，商品的折扣要控制在“最低限度的商品贬值和损耗”范围内，以此来实现售罄。

实际进行这项工作的是从傍晚开始上班的兼职的学生和临时工，在他们熟悉业务之前，员工要和他们一起进行操作，通过 OJT（On the Job Training 在职培训，简称 OJT）来教授他们工作要领。

近来，越来越多的店铺出现了一种现象，那就是在傍晚销售高峰期（19 点左右）商品售罄时，柜台里看不到商品，只看得到空空的货架。这样在店关门前，这段时间内就会失去销售机会，所以柜台上至少要保证必要商品的最低陈列量。

工作日和周末的应对差异

客流动向会根据季节、工作日、周末（节假日）、区域性的活动日等因素发生变化。

夏天的傍晚销售高峰期一般在18点到19点之间，冬天则在17点到18点之间。

另外，确认各个地区的活动日程也很重要。

包括小学的暑期等在内，要认真地获取各种信息。

从一周的时间段来看，与周末相比，工作日以方便食品为中心，销售额会大幅上涨，傍晚高峰期到来的时间也较晚。

而周末的白天高峰期的客流量远远超过工作日，商品的销售金额和件数都会增加。

商品生产数量的确认工作要分工作日和周末（节假日），有差别地展开，这样才能制订出精确度更高的生产计划。

第6章

柜台和商品的卫生管理

个人的健康管理和仪容仪表

员工进入店里后，一定要换上规定的工作服，其理由如下：

①方便作业

②防止给周围环境带来污染……人往往是周围环境的污染源

③给人以洁净感……穿上规定的工作服会给顾客带来安心感

工作服的颜色一般选用白色、蓝色、粉色等容易看出污垢的颜色。

穿工作服的理由

①方便工作

②突出洁净感→给顾客带来安心感

③防止给周围环境带来污染→人是最大的污染源

防止异物混入的基本对策

为防止异物混入，上衣的基本要求是：没有纽扣，拉链为螺旋式，外侧无口袋。使用螺旋式拉链是因为该拉链的组成部分（链牙部分）是连在一起的，即使在作业过程中拉链掉下来，链牙也不会脱落。

佩戴帽子、三角巾、口罩是为了什么呢?

答案是为了防止头发等的脱落。在食品销售中接到最多的异物混入的投诉就是头发等体毛。在欧美可能不会构成严重的问题，但在日本不同。

每个人平均有 10 万根头发，大概 5 年左右会全部代谢掉，平均算下来 1 天大约要掉 55 根头发。

所以头发必须用帽子遮盖起来，帽子遮不住全部头发的话，要在帽子下面用盘发网将头发罩起来。

工作人员必须在换上工作服后，戴上头套再进入食品加工区。头套的正确戴法是从上往下进行佩戴。

拉链的种类

× 金属拉链如果脱落的话，容易变成异物。

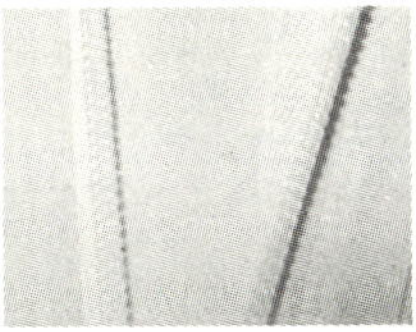

○螺旋式拉链即使脱落了，也不容易变成异物混入商品中。

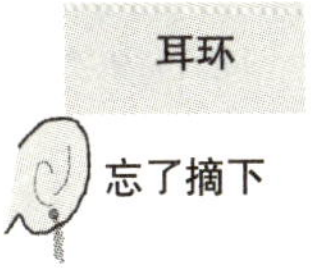

曾经发生过耳环混入商品中的情况

口罩要覆盖住鼻子吗?

原则上口罩不仅要将嘴部遮起来，还要覆盖住鼻子。这是因为鼻子或鼻子下方会存在黄色葡萄状球菌，如果手不经意间碰到了鼻子部位，就会污染到手指。同时，这样也可以防止唾液的飞溅。

手表、戒指上会积攒污垢，所以严禁佩戴。如果不摘戒指，则要在戴上橡胶手套后再进行加工、烹调操作。

要保持指甲的清洁，为此在剪指甲的时候，要将超出指头部分的指甲剪干净。

要更换鞋子，这是防止将室外的污物带入店内。

从防止异物混入的角度，尽量不要佩戴耳环和耳钉。为了减少异物的数量，圆珠笔、油性笔等也不要用带笔套式的，而要使用按压式的。

最后，在食品加工场所，严禁使用味道很浓的发胶、香水等。

这些仪容仪表上的注意事项，都有非常正当的理由。

诺如病毒和个人健康管理的重要性

你知道食物中毒事故的高发期大概在什么时候吗？

如果你认为是“梅雨季节”或者“夏季”，就大错特错了。

实际上食物中毒事故全年都有发生，其中患者人数最多的时候是 12 月和 1 月。

这是因为春、夏季节主要是由“细菌”引起食物中毒，秋、冬季节则主要是由诺如病毒引起食物中毒。

诺如病毒主要会导致腹泻和呕吐。通常会在 1 ~ 2 天内治愈，再过 2 天就完全恢复了。但身体恢复后马上上班的话会引起问题。

因为大量的病毒实际上会在腹部存活 1 ~ 2 周的时间。即使患者表面上看起来已经恢复健康了，实际上反而埋下了隐患。

直到 2014 年 2 月，都没有发现治疗诺如病毒的特效药。即使就医，医生也只是开给病人一些治疗肠胃的药剂，没有太大的用处。由于表面上看不出症状，所以必须通过化验排便（学名叫“肠内细菌检查”）来确认是否为“阴性”。

实际上，还存在一些“健康的细菌携带者”，他们虽然没有症状，但体内留有肠管出血性大肠杆菌 O–157、沙门氏菌等细菌。因此，化验排便是非常有必要的。而且如果不让全体人员进行化验，是起不到预防作用的。

开店时进行“个人健康检查”也是非常重要的工作。即使本人没有问题，如果一起生活的家人出现腹泻、呕吐症状的也必须上报。这个对策也适用于应对流感。

食物中毒事故件数

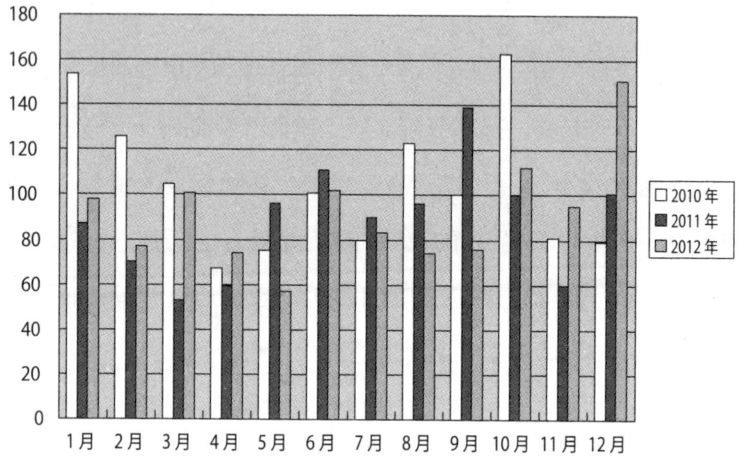

出自厚生劳动省主页的食物中毒事件一览速报

食物中毒患者人数

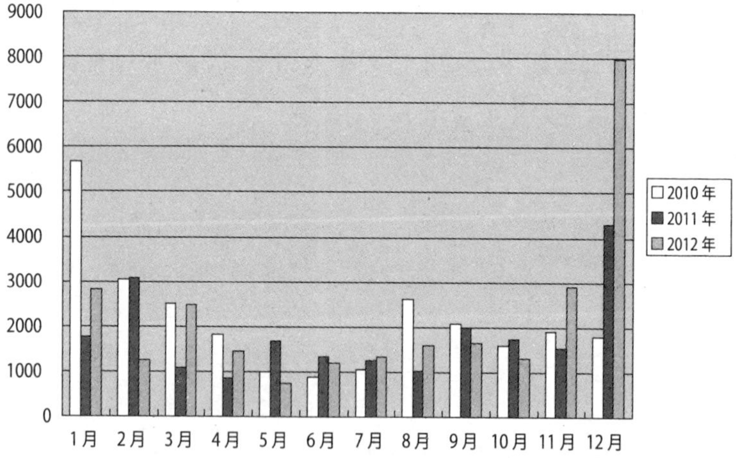

出自厚生劳动省主页的食物中毒事件一览速报

手粗糙或有伤口时要戴橡胶手套

手粗糙或有伤口时，有可能产生黄色葡萄状球菌（这种细菌用100℃高温消毒30分钟以上也不会被消灭掉）。

所以，有这种情况的员工要被排除在装盘等工作外。

不过，在没有人代替工作的情况下，可以让其戴上橡胶手套进行工作。

在早上例会等时候要确认各自的健康状况，同时对全体从业人员进行工作分配和确认当天的工作量。

由此，不仅可以做好各自的健康管理，也可以确认整体的工作流程。

橡胶手套　　　　　　　　　　　　塑料手套

手术中所使用的较紧的手套　　　　稍大一点的一次性手套

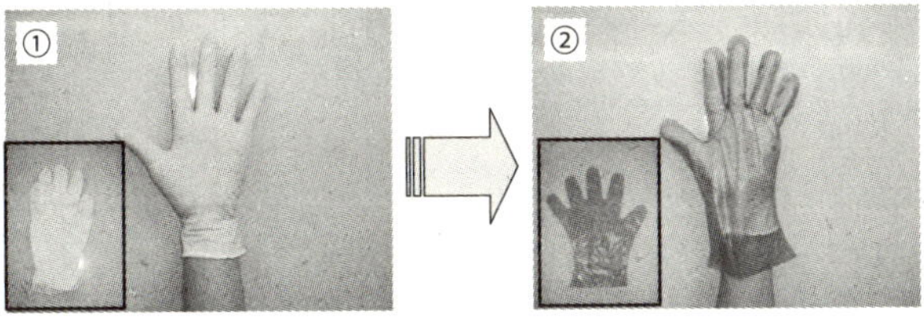

手上有伤的时候

①戴橡胶手套　　　　　　　　　　②戴塑料手套

正确的洗手方法

大家从懂事起就知道要经常洗手，但事实上大部分人并没有掌握正确的洗手方法。

即使是热衷于培训的公司，也很少有公司会从零开始教员工怎么洗手。但是，洗手却是卫生管理的基本要求。

在应对流感和食物中毒的对策中，最重要的就是洗手。大家要对照迄今为止自己一直采用的洗手方法，确认一下正确的洗手方法。

（1）洗手池上需准备好的东西

①洗手液（固体肥皂是不行的，肥皂带来二次污染的可能性很高）。

②纸巾（不使用毛巾的理由同第①条。用烘手机的话，会使水滴飞溅到四周，不适合面积狭小的加工场所使用）。

③酒精喷雾。

④指甲刷（可以的话要准备 2 个，分单双日使用，这样的话隔天可以进行杀菌消毒）。

⑤垃圾桶（必须放置在靠近洗手池的地方）。

必备的洗手工具

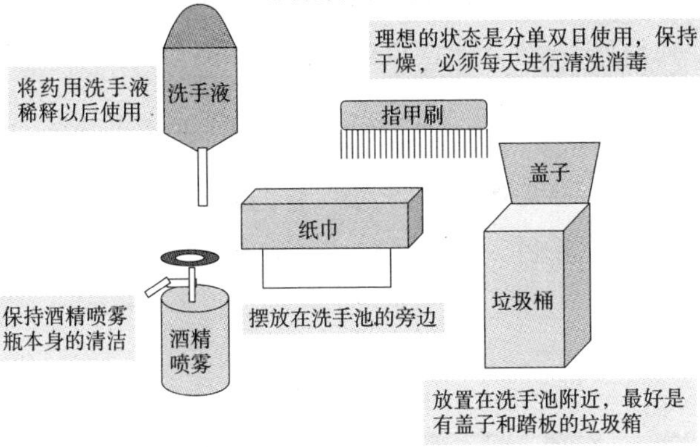

（2）洗手的基本顺序

①将手淋湿。

②取洗手液并搓至起泡。

③搓洗手背包括褶皱部位。

④搓洗手指之间、手心、手背。

⑤特别容易藏有污垢的大拇指，要用另一只手握住洗。被握着的大拇指要反复弯曲伸直，仔细清洗褶皱部位。

⑥指甲里的污垢不容易洗掉，要用指甲刷轻轻地刷洗（要注意如果太用力的话，皮肤会变粗糙，起到反效果）。

⑦清洗手腕。用另一只手抓住手腕进行清洗。

⑧将洗手液冲干净。

⑨用纸巾擦干水分（为了提高杀菌效果，一定要擦干水分）。

⑩用酒精喷雾喷洒双手，两手互相揉搓。

理想的做法是要清洗到手肘部位，最低要求是要养成清洗到手腕的习惯。洗手要在以下的时间进行。

“开始作业前”“休息完后回到工作岗位时”“从卫生间出来时”“最后工序或者装盘工作以前”“处理完肉禽和水产时”。

在休息时或工作结束以后，要用护手霜来保养双手。

公司为防止员工手部粗糙，要准备好不含香料的护手霜。

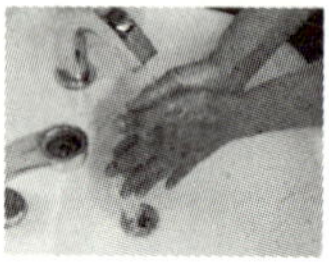

①将手淋湿

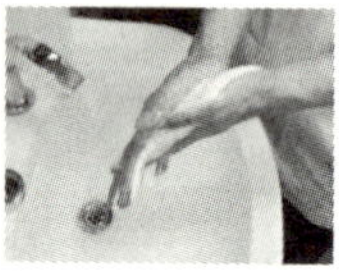

②取洗手液搓至起泡

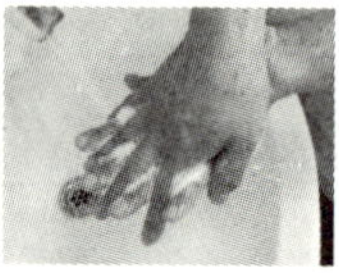

③④搓洗手指之间、手心、手背

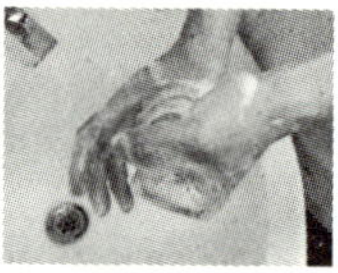

⑤握住大拇指清洗

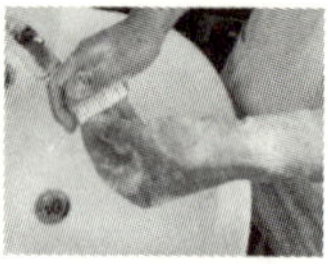

⑥用指甲刷洗指甲

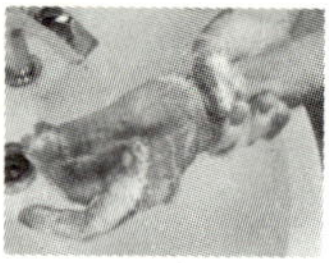

⑦清洗手腕

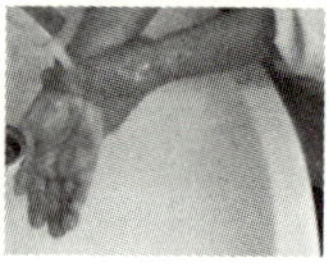

⑧将洗手液冲干净

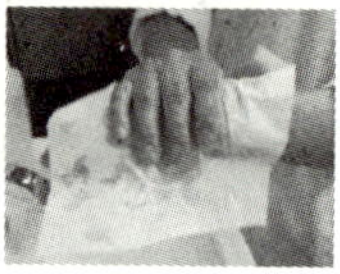

⑨用纸巾擦干水分

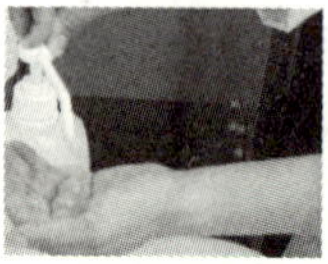

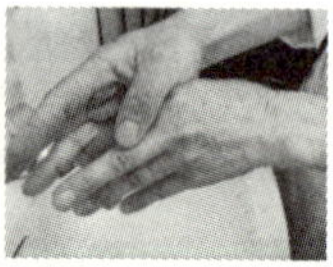

⑩喷酒精喷雾、两手互相揉搓

洗手的基本顺序

后备间的卫生管理

在店里工作的员工一般都会清洗案板和刀具，但很少会有人仔细地去看别人是如何进行清洗的。

在对器具的清洗、消毒缺乏监管的店，操作方法上会产生偏差，也有出现错误操作的情况。

对器具类进行清洗消毒的基本方法是什么？

下面我们来确认一下清洗频率较高的案板、菜刀等器具的清洗要点。

（1）要准备的东西

①刷子 2 个（单双日分开交替使用）……树脂的刷帚也可以，但刷子更方便使用（植物性的刷帚比较容易折断，原则上不可以使用）。

②海绵刷。

③装入专用容器的中性洗涤剂。

④厨用无纺布。

⑤酒精喷雾。

（2）案板的清洗方法

①用流水冲洗案板，冲掉食材残渣。

②控干水分。

③将洗涤剂倒在案板上，以从下往上、从左往右的顺序纵向刷洗，着重清洗菜刀留下的刀痕部分。

④按从右往左的顺序横向刷洗。

⑤刷洗四个角落。

⑥反面也要清洗。

⑦冲洗案板正反两面。

⑧去除水分，喷洒酒精喷雾。

⑨开店时清洗的时候，要用厨用无纺布覆盖整个案板，然后用200ppm浓度的次氯酸钠（漂白剂）从上面进行喷洒，然后浸泡20分钟左右。

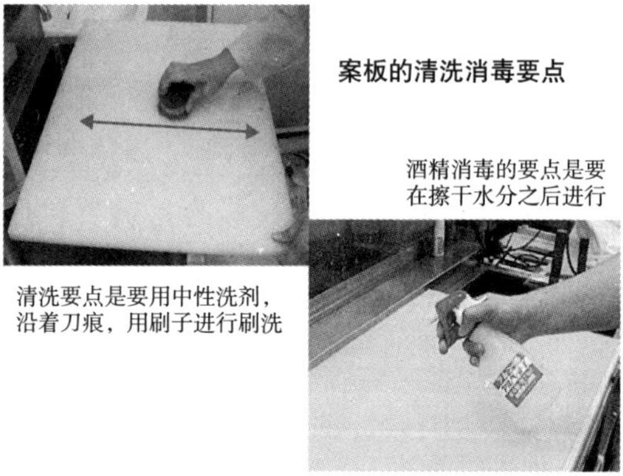

案板的清洗消毒要点

（3）菜刀的清洗方法

①刀刃部分用流水冲洗，冲去较大的食材残渣（基本上在案板上进行）。

②用海绵蘸中性洗涤剂先洗刀柄（手握的部分）。仔细冲洗

刀刃和刀柄的连接部分。

③接下来将菜刀放置在案板上，手拿着刀柄部分，清洗刀刃。这时要从离自己最近的一侧向刀刃的方向进行清洗。因为有可能会割到手，所以不要来回擦洗。以这样的方式清洗刀的正反两面。

④拿着刀柄，用流水冲洗。

⑤将生食用的厨用无纺布叠成四层放置在操作台上，将菜刀放在叠好的厨用无纺布上，然后手握着刀柄擦去水分。

⑥用酒精喷雾进行全面喷洒，然后将菜刀放置在菜刀保管间（如果是放在带有杀菌灯的保管间，就没有必要进行步骤⑥的酒精喷洒了）。

刚开始时可能操作起来有些慢，但重要的是要切实掌握正确的清洗方法。

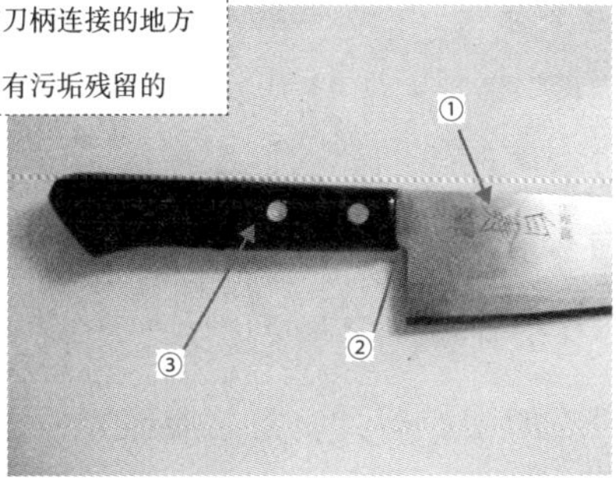

菜刀的清洗要点
除了刀刃部分，还要注意其他地方
①雕印
②刀刃和刀柄连接的地方
③刀柄
是很容易有污垢残留的

防止食物中毒及器具、备品的分类使用

为什么要将案板、菜刀、抹布等分开使用呢？答案是为尽量减少细菌的转移，防止发生食物中毒事故。

为此，店内要将案板、菜刀按蔬菜用、水果用、水果拼盘用等分开使用。厨用无纺布（抹布的一种）也要按生食用、擦台用等分开使用。

由于厨用无纺布有很多种颜色，所以可以通过颜色来区分其用途。

为了让大家理解分类使用的意义，举个例子来说明食物中毒的发生过程。食物中毒的发生大致上有两种情况。

一种是食材本身带有食物中毒的病菌。

对食材进行烹调的时候，加热不充分会导致细菌残留，再加上距离食用时间又有时间间隔，就引起了食物中毒。这种情况叫作“一次污染”。

接下来举例讲第二种情况。

将鱼的内脏去掉切成 3 块的操作完成以后，案板、菜刀、抹布只用水进行了简单的冲洗，在最后一道工序时（做成刺身等）还是用同样的案板、菜刀等工具进行处理，然后间隔了一段时间再食用这个刺身，就会引起食物中毒。

这是因为人的手、器具、备品等媒介，将残留的细菌转移到食材上引起的事故。实际上，这种“二次污染”的例子最多，占食物中毒的七八成。

人类的胃里有胃酸，肠内有益生菌，它们虽然可以杀死一些会导致食物中毒的细菌，但婴幼儿和老年人的胃酸分泌量少，身体弱，对会导致食物中毒的细菌没有抵抗力。

最近又出现了肠管出血性大肠杆菌O-157、弯曲菌、诺如病毒等，即使是少量也能引起严重后果的细菌。

所以在店内，在贯彻洗手、器具清洗工作的同时，还要全面实施器具、备品的分类使用。

基于同样的理念，商品的前期处理和最后的工序也不要在同一个场所进行。如果加工场所比较大，可以给刺身等的操作单独准备一个操作间；如果加工场所比较小，可以分时间段，让前期处理和最后的工序分开进行。

*厨用无纺布是什么？

采用人造纤维制造的无纺布，与织布不同，不通过编织，而是通过加热将纤维黏合到一起。很少有混入异物的危险，容易干燥、卫生，因此已经取代了传统的织布抹布。

菜刀、案板的分类使用

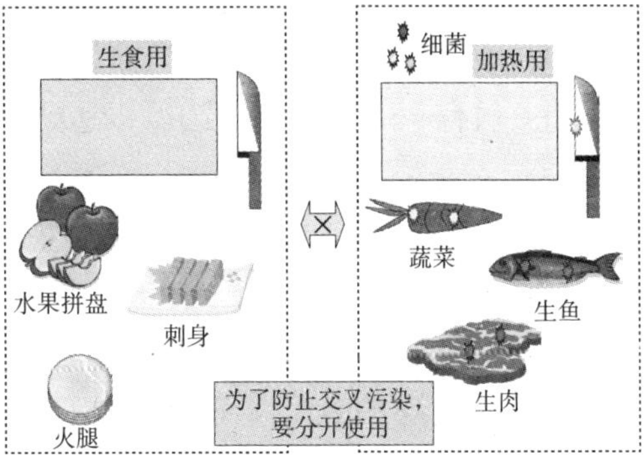

< 厨用无纺布 >
以颜色来区分用途

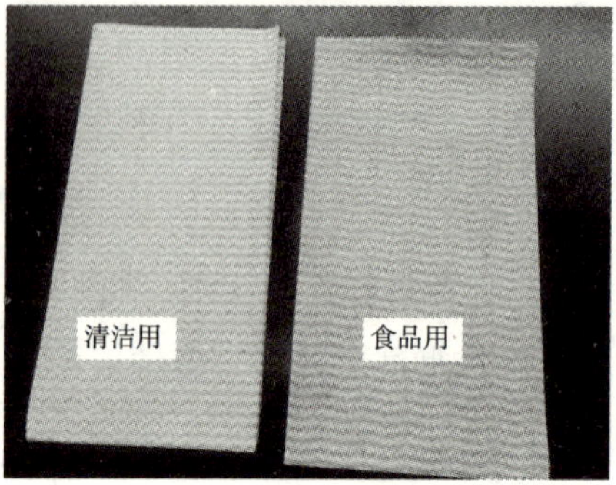

“3S”“5S”“7S”是指什么?

食品“5S 活动”“7S 活动”等是普遍被采取的措施。

把表示管理手段的 3 个词汇“整理（SEIRI）”“整顿（SEITON）”“清扫（SEISOU）”的日文罗马音标首字母放在一起称作“3S 活动”。把这个“3S 活动”作为例行活动确定下来，并以此“教育（SITUKE）”员工，以达到保持“清洁（SEIKETU）”的目的，同样取这两个词的日文罗马音标首字母，就成了“5S 活动”。

在食品部门，“清扫”又进一步被划分为“洗净（SEIJYO）”和“消毒（SYODOKU）”，这样就成了“7S 活动”。

下面来解释一下作为 3 个活动基础的“3S 活动”。

①整理（SEIRI）

这是“3S 活动中”最重要的一个部分。具体来说就是将所需物品和不需要的物品分开，然后将不需要的物品处理掉。

难以做判断的时候，要制作一个“未整理箱”来收纳物品，并暂时放到别的场所保管起来，如果后阶段用不到的话就做废弃处理。

要养成每个月或换季时定期进行这个活动的习惯。尤其越狭小的加工场所越有必要将此活动放在重要位置来实施。

②整顿（SEITON）

这个活动是指要确定好必需品的放置位置和放置方法，并且要在显眼的位置标示其内容。

整顿这个词一般是“有序整理好”的意思，但还要进一步地在物品上贴上名称卡，让人一目了然。

贴名称卡这项工作刚开始时并不轻松，但从后续工作来考虑，能削减人工费和时间成本，所以很重要。

③清扫（SEISOU）

清扫一般是指为去除垃圾和灰尘而进行的打扫，在食品部门还包括清洗和杀菌工序。

在食品的清洁上，不光要处理肉眼看得到的污物，还要对微生物进行清洗和杀菌。所以不是只用肉眼来判断食材是干净还是脏，要对食材、员工的手会接触到的地方，按照公司规定的方法进行清洗和杀菌。

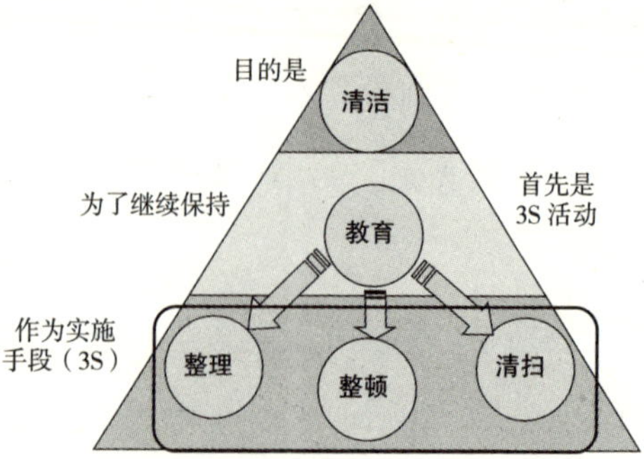

所谓的 3S →整理、整顿、清扫的首字母

清扫：SEISOU
指打扫干净

整理：SEIRI
将需要的东西和不要的东西
分开，丢弃不要的东西

整顿：SEITON
谁都能一目了然（用标签机
等来标明也是一种方法）

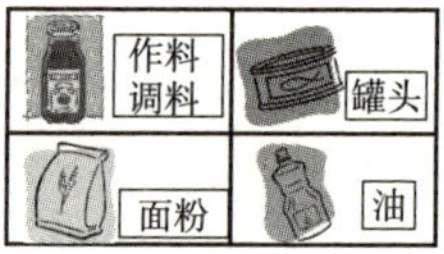

进货时查验商品的重要性

对于生鲜食品来说，最重要的就是“新鲜度”。然而，不管如何迅速地加工，或如何在调味上下功夫，如果原材料上出了问题，一切就都白费了。所以，进货时的验收工作一定要小心谨慎地进行。

查验货物的要点是“包装外形”“商品的外观、新鲜度”“数量、重量”，还有“温度”和“时间”。接下来，我们分别来看看这些要点。

①包装的确认

进货时要对纸箱、泡沫箱、集装箱等进行检查。如果纸箱等出现了潮湿、挤压、毁坏的情况，即使商品的外观看上去没问题也要上报。

包装箱潮湿就表示是在室外进行作业的，或受到了其他商品的水分等的影响。这种情况下，商品也有可能受潮，所以即使是从敦促供货方今后进行改善的角度出发也要上报。

①注意包装的外观

例如

a. 纸箱有没有压坏

b. 有没有被雨淋湿

例

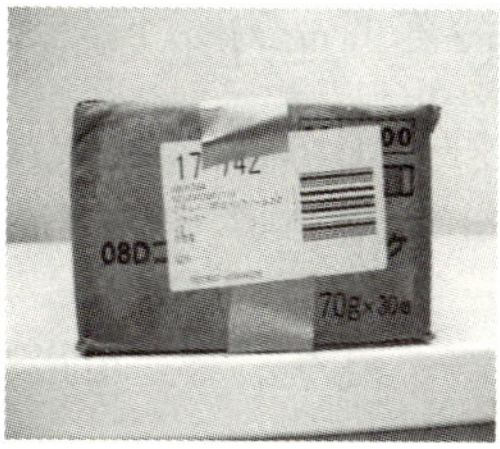

包装箱压坏的情况下也是如此，说明供货方包装不到位。

折叠箱的外观有明显污垢，或分类标签重叠到一起等情况，也要提醒供货方注意改善。

对这些基本点都不注意的供货商，要引起注意。

②食品外观、新鲜度的检查

如果食材出现变色、肉汁大量渗出的情况，原则上要退货。也有一些店会以“压低原价”为条件收货，从长远角度来看这种应对方法是错误的。虽然不一定所有商品都达到了退货的标准，但原则上还是要退货。

货物中明显混杂有不同品质（比如西红柿的色差）、不同等级（大小、形状的差异）的商品也是问题，要以换货、退货为前提进行交涉或者上报。

③数量、重量的确认

这是验货的基本要求。对照发票内容对交付的货物数量、重量进行检验。

为此，交付场所要备好能称 100 千克的秤。

检查重量的时候，可以不用检查所有货物的重量，但要进行抽查，这一点很重要。

④温度的确认

检查需要冷藏、冷冻的商品（一般冷藏商品为 10℃以下，冷冻商品为零下 15℃以下）时，要将“在多少摄氏度下进行交付”记录在发票或者交货单上。冷冻商品出现融化现象时一定要退货。

夏季、冬季的时候，对需要冷藏、冷冻的商品以外的货物也要进行温度抽查，这也是衡量供货商管理水平的方式。

现在已经有无需直接接触货物就可以方便地测定温度的放射温度计。

这个温度计用不到1万日元的价钱就可以买到，店内至少要准备1个。

③数量、重量的确认

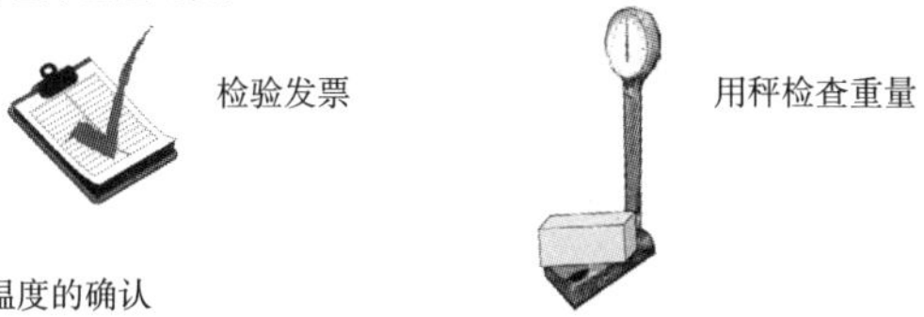

④温度的确认

⑤确认时间

有生产日期、保质期、最佳食用期的货物，在进货时一定要确认其期限。

验货时离期限所剩天数不多的商品，要换货或退货，如果商品没有问题的话可以根据规定进行降价交涉。

最后，来确认一下公司基本的内部应对措施。

如果交付时出现以上问题，要迅速和上级或商品部门联系。上司等休假的话，要迅速与供货方联系。

对反复出问题，或屡次要求也没有改进的供货方，有必要进行商讨，对其进行重新评估。

讲究新鲜度的肉馅的卫生管理

在肉类柜台，“肉馅”是衡量该店商品质量好坏的标准。肉馅比起其他肉类食品加工程度高，因为经常以修整商品过程中产生的边角肉等为原料进行加工，所以新鲜度下降比较快。也就是说，通过肉馅商品可以看出整个店的新鲜度管理和商品管理水平。

为制作好品质肉馅需要进行的卫生管理

那么我们就从原料阶段开始，来看看制作品质较好的肉馅商品的要点。首先，最重要的一点是冷却。为什么要冷却呢？因为在加工肉馅时，绞肉机的挤压和产生的热量会加速肉的变质，成为肉变色和渗出肉汁的主要原因。

通常，肉馅的材料都在冷冻的状态下进行交付。加工时不会完全解冻，而是以半解冻的状态进行。此外，经常能看到在加工肉制品过程中产生的边角肉搁置在案板上，如果用这个边角肉来加工的话，就有必要进行冷却处理。其要点是要放置在4℃以下的冷藏间里进行冷藏。

接下来讲一下加工过程中的注意点，那就是“加工的顺序”。重要的是要从“附加价值较高的商品”开始进行生产。例如可以按以下顺序进行：

①和牛肉→②和牛以外的日本产牛肉→③日本产牛肉、进口牛肉→④牛肉猪肉混合肉馅→⑤猪肉→⑥鸡肉。

以这样的顺序进行的话，②中的和牛肉以外的日本产牛肉里即使混入①中的和牛肉也没什么问题，但如果反过来的话就会产生问题。按照①到②的顺序进行，在换肉的时候，①中的肉可能会有一点混杂到②中去。

但是，“从④牛肉猪肉混合肉馅到⑤猪肉”，或“从⑤猪肉到⑥鸡肉”进行加工时，一定要将绞肉机拆开，把残余的肉清洗掉。这是为了防止不同畜种的肉混杂，会给一些对特定种类的肉有过敏现象的顾客造成影响。

另外，日本产肉和澳洲产肉的混合肉馅，以及牛肉猪肉的混合肉馅等，将不同种类的肉混合在一起的时候，一定要按照特定的比例来混合。这不仅仅是影响“美味”的问题，还是涉及到商品标示的问题。同时，在标示商品的时候，一定要记住按照肉类含量多少的顺序进行标示。

绞肉机的卫生管理

最后来谈一下绞肉机的管理方法，这个与绞肉原料一样，重要的是冷却。清洗干净后的绞肉机的零件要在4℃以下的冷藏间进行冷却。

冷却不只是为了防止肉质新鲜程度的降低，还有一个重要原因是为防止肉上附着的细菌数量增多。

为“防止细菌增多”还有一个重要的措施是将器具洗净。器具、零件上附着着肉的油脂，所以要用温水进行仔细的清洗。

清洗的时候要注意旋盖部分的金属板、机身内部等地方，这些地方很容易有肉片的残留，一定要清洗干净。

另外，洗刀片部分的时候注意不要弄伤手。

加工肉馅时的注意点

边角肉要冷藏保管

清洗刀片时注意不要割到手

不要忘了清洗绞肉机机身内和旋盖部分的金属板

第7章

法令的遵守和“标示”的规则

食品标示的法律和基础

在日本JAS法（Japanese Agriculture Standard，日本农业标准）中规定，“生鲜食品”和“加工食品”所要标示的内容是不一样的。

区别于一般意义上的“生鲜食品”和“加工食品”

我们首先必须判断所出售的商品到底是生鲜食品，还是加工食品。

日常生活中我们所认为的“生鲜食品”可能在法律中被划入了“加工食品”的范畴，对法律规定的，我们必须掌握好。

下面来介绍一下两者的区别。

（1）生鲜食品

①蔬菜、水果、水产、肉禽等未经过加工的生鲜食品的单品。

②将以上食品进行切割或切片加工以后，以单品的形式出售的。

③牛里脊肉和牛腹肉的组合包装，肉块、肉片的组合包装，或同种类的组合包装。

④冷冻食品、冷藏食品、解冻了的食品。

以上都属于“生鲜食品”。

（2）加工食品

①在蔬菜水果、水产、肉禽等的“生鲜食品”中，将不同种类的食品组合到一起的商品（例如，牛里脊肉和猪里脊肉等不同种类的肉类切块、切片组合到一起的包装）。

②对生鲜食品进行调味、腌制、烘干加工处理而成的商品（牛里脊肉、咸牛舌等）。

③对生鲜食品通过煮、烤、蒸等加工处理而成的商品。

以上都属于“加工食品”。

生鲜食品和加工食品的具体例子

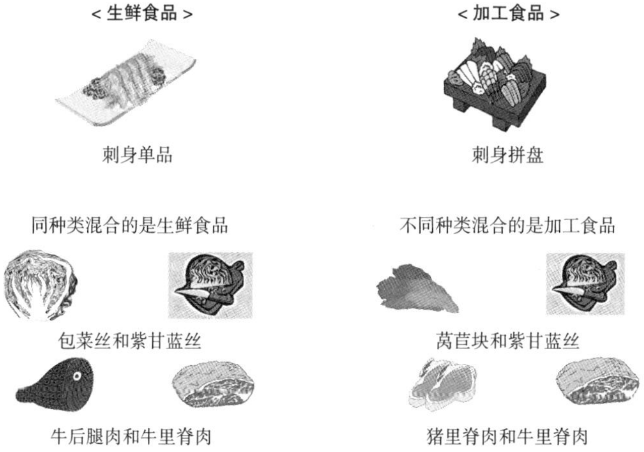

JAS 法中对生鲜食品和加工食品的分类

	切割前	单品	同种类混合	不同种类混合	加工品的混合	加工品
刺身	鱼	大眼金枪鱼瘦肉	大眼金枪鱼瘦肉＋大眼金枪鱼刺身中肥	大眼金枪鱼瘦肉+巨型章鱼肉(生)	大眼金枪鱼瘦肉+煮章鱼	煮章鱼
切好的蔬菜	蔬菜	包菜丝	包菜丝+紫甘蓝丝	包菜丝+莴苣块	包菜丝+莴苣块+圆形罐头(加工品)	圆形罐头(加工品)
肉片		牛里脊肉片	牛里脊肉+牛腹肉	牛里脊肉+猪里脊肉	牛里脊肉+咸牛舌	咸牛舌

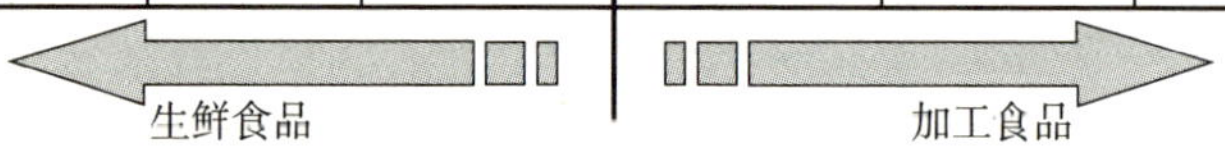

生鲜食品和加工食品在标示上的不同

记住上述内容后，我们整理一下生鲜食品和加工食品在商品标示上的差异。

在 JAS 法中，生鲜食品要标明“名称”和“原产地”两项内容。

加工食品则要标明“名称”“原材料名称”“原材料产地（仅限一部分）”“含量”“食用期限”“保存方法”“原产国名（仅限进口产品）”“生产者名称”等内容。

生鲜食品的标示

标明事项
名称
原产地
加工年月日
识别标识

加工产品的标示

标明事项
名称
原材料名称
添加剂标识
原材料产地
含量
食用期限
保存方法
加工者
过敏标识
加工年月日
识别标识

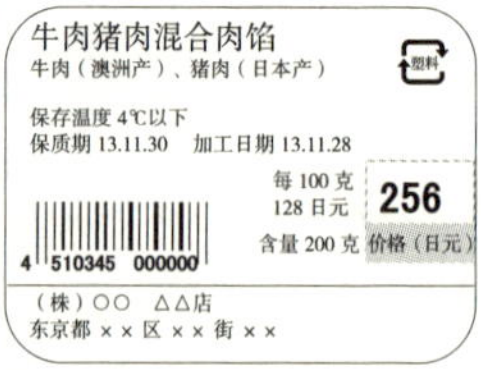

店内加工食品和店外包装食品的标示

食品标示法中指出“为了确保食品安全”和“为了方便消费者对商品进行选择而提供必要的信息”，所销售的食品必须有标示。

日本国内现行的标示方法是基于几种不同的法律制定而成的，所以有些复杂。

标示的基础是JAS法和食品卫生法两种，其他还有计量法等。

在食品卫生法中，需要标示的商品是用容器包装的加工食品和食用肉类、生食用的鱼类（包括刺身）、水果拼盘等。法律上规定需要标示的事项有“名称”“原材料名称”“原材料产地”“食品添加剂”“过敏标识”“保质期”“保存方法（没有标注保存温度等的话，表示常温保存）”“生产者”“转基因标识”等。

根据计量法，生鲜食品（包括冷冻食品）是以容器、包装等来销售的特定商品，销售方有义务将其含量和标示者的名称、地址附加上去。

总之，加工食品上要有上述所有的标示内容。不在店内包装的食品，在进货时，一定要检查其标示的事项与内容是否一致。店内加工的食品虽然也是包装好的商品，但根据JAS法，允许部分内容不做标示。JAS法规定“原材料名称”和“原材料产地”可以省略。

其理由是，店内工作人员可以对未标示出的内容进行解释。因此，事先要将必要的信息告知所有工作人员，或负责人要事先定好应对顾客咨询的体制。

店内加工食品和店外包装食品标示上的差异

店内加工食品的标示范例　　店外包装食品的标示范例

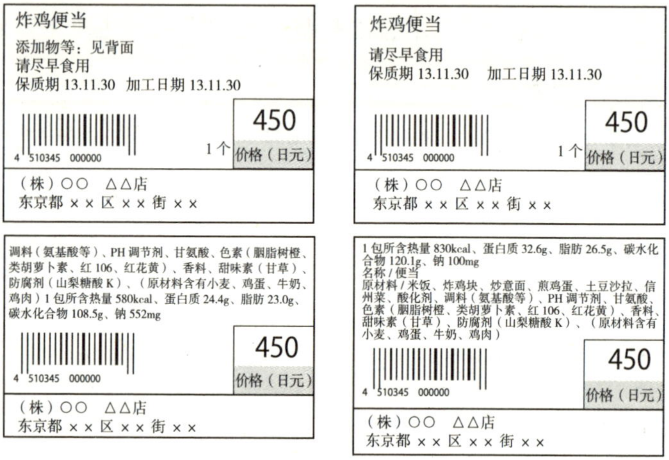

店内加工食品可以省略原材料名称的标示，但要以店内工作人员能够对不足信息进行说明为前提。

关于食品保质期的标示

食品类商品必须要标明可以食用的期限。这个期限是指在食品制造方所定的保存方法下未开封状态的保质期限。

决定保质期的条件有很多，根据经验很重要，此外还要通过细菌检查，水分、PH 值（※1）等的物理化学检查，感官检查（※2）等综合地来做判断。

保质期的标示分以下两种。

①保质期

主要用于容易产生损伤的生鲜食品、便当、小菜、松软的西式糕点等商品，表示“过了这个日期最好不要食用”的意思，一般用于不能存放较长时间的食品。

②最佳食用期限

用于标示相对而言变质时间较晚的食品，指的是在生产方规定的保存方法的前提下，能够充分保证食品的口感和品质的保质期限。

生产方为了安全起见，一般会以实际能保存的时间的 8 ~ 9 成来设定该期限。

一般都以年、月、日来标示保质期限，但像罐头类可以长期保存（至少 3 个月以上）的商品，可以省略日，只标示年、月。

另外还有没有保质期限的食品，比如盐、砂糖、口香糖、冰、冰淇淋等。这些商品只要按照规定的保存方法来保存就不会变质，所以不设定最佳食用期限。

与上述两种保质期限不同，还有一种不是由法律规定的，而是由店铺自身来定的“使用期限”，指食品开封以后能食用到什么时候的期限。由店铺来决定食品开封后的使用期限，不仅关系到食品安全问题，也有益于店铺对食品口感、新鲜度的管理。

蔬菜水果、水产、肉禽等生鲜食品的保质期，与当时的天气、品种特征、运送及收货时的条件等都有关，所以保质期的设定较难。某种程度上，应该按品种来设定保质期限。

最佳食用期和保质期的图像

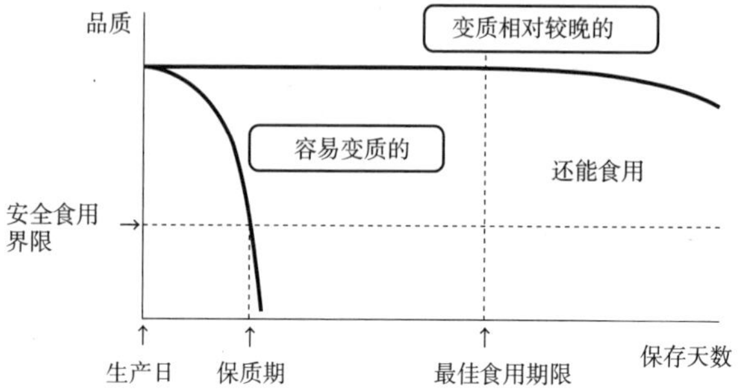

资料来源：来自农林水产省主页

※1 PH（试纸）指什么

用水溶液表示酸性或碱性的单位。PH7是中性，比这个数值小的为酸性，大的为碱性。

※2 感官检查指什么

利用人的5个感官（视觉、触觉、听觉、味觉、嗅觉）来进行的检查。有两种方式，一种是将人的感官像测量仪一样数值化的分析型，另一种是通过『喜欢、讨厌』等喜好来进行评价的方法。对参加检查的人员要事先进行选拔。

保质期的决定方法

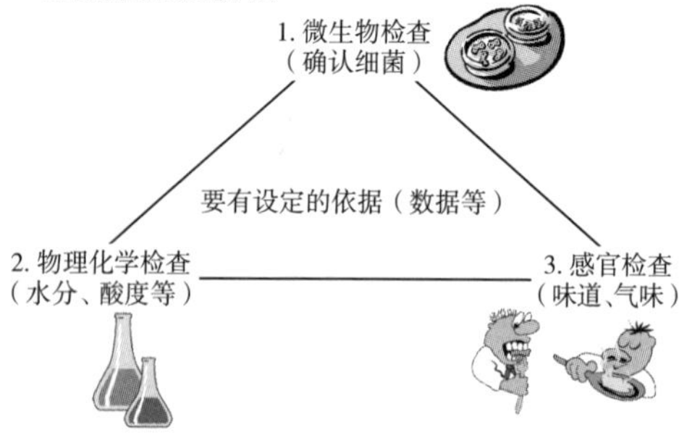

重要的过敏标示

2012 年 12 月有这样一篇报道，东京都调布市某女孩在吃学校供应的伙食时，因食用含有奶酪的煎饼，发生了过敏性休克（※1）并致死的事件。这是一起因忽略粉末状奶酪而引起的事故。

食物过敏现象在婴儿时期（1 岁以前）最多，比例大概占一成，长大以后随着免疫力的提升有减少的倾向。

但是近年来，这种现象发生了变化，越来越多的人即使到了成年也有过敏的症状。

现在，据说 100 个成人中有 1 ~ 2 个会有食物过敏现象。

为此，国家通过法律的形式要求商家在食品上进行过敏标示。其中，要求会导致严重症状，甚至威胁到生命的两种食品荞麦、花生，和发病情况较多的鸡蛋、牛奶、小麦、虾、蟹五种食品，都以特定原材料类别进行标示。

除此以外，还有 18 种仅次于特定原材料的商品也要进行标示。肉类中的牛肉、猪肉、鸡肉都属于此类别。

2014 年 8 月在特定原材料中又追加了芝麻、腰果两种食品。

在食物过敏问题上很重要的一点是，要对有些改变了原材料形状的，诸如酱油、大酱、作料、调料等商品成分加以注意。

原材料中，不仅要对猪肉、橙子、乌贼（叫作“一次原料”）等这些食材进行标示，还要对调料中含有的成分（叫作“二次原料”）做事先调查，然后进行标示。

过敏标示关乎生命，所以这个工作很重要。即使商品是在店内加工的，也要查清包括“二次原料”在内的原材料，并在食品上标明。

另外，在直接面对顾客进行商品销售的时候，不标示也行，但前提是柜台的工作人员要能够对顾客进行说明。为避免面对面直接销售的时候产生纠纷，最好做一张过敏一览表在店内公示出来。

店内加工商品的标示注意点

一定要标明添加物和过敏相关的说明！可以不标示原材料名称。

※1 过敏性休克

表示口、手脚麻木，出现荨麻疹，出冷汗，然后出现脉搏变弱、血压突然降低、呼吸困难、失去意识等症状。病情发展非常快，如果不早进行治疗，会演变成危及生命的大事故。

“特定原材料”法律规定必须标示	鸡蛋　牛奶　小麦 虾　蟹	病例较多
	荞麦　花生	症状严重
“仅次于特定原材料的食材”推荐标示	鱼类：鲍鱼、乌贼、鲑鱼子、鲑鱼、青花鱼	病例较少
	水果：猕猴桃、桃、苹果、橙子、香蕉	
	肉类：牛肉、猪肉、鸡肉	
	蔬菜类：核桃、大豆、松茸、山芋	
	其他：明胶	

2014年8月新追加了“芝麻”和“腰果”

例
为了让从业人员能够对顾客提出的问题进行解答，制作所销售料理的过敏一览表非常重要。

过敏一览表

商品名	鸡蛋	小麦	牛奶	荞麦	花生	虾	蟹
炸猪排盖饭	○	○	○				
天妇罗盖饭	○	○	○			○	
天妇罗拼盘	○	○	○			○	
咖喱炖菜		○					
日式牛肉火锅	○	○					

肉禽、加工肉的标示要点

下面对畜产物（肉类）商品相关的具体标示要点进行说明。

包装商品和面对面销售商品共通的必须标示的项目

顾客自选式包装商品和陈列在店前零售的商品都必须标示的是“名称”和“部位名称”。

其标示的要点是“让顾客一目了然，不产生误解”。

具体而言，要在容器或者商品包装的显眼位置进行标示，或在靠近商品的显眼位置放上牌子（POP）等以告知消费者。

对于标示的场所虽没有特别的规定，但从让顾客能看清楚这个角度来考虑，最好将名称及原产地标在同一面。

下面来看看具体的标示方法。

（1）名称、部位名称

名称中要包括肉的种类和部位，例如像“牛肩胛里脊肉”这样进行标示。

肉用种类的牛肉、猪肉、鸡肉，也可分别以 beef、pork、chicken 来标示。羊肉中的“rum”是指出生后未满 1 年的羊羔肉，“mutton”是指出生 1 年以上的羊肉。

像肉丝、边角肉等商品，由于是由各种部位的肉混杂在一起的，所以很难标示具体部位，可以以“猪肉丝”“牛肉咖喱用”

等形式来标示。

在后备间连续进行贴标价作业时，一边用手指着商品念该商品的名称、部位名称进行确认，一边操作的话就不容易出错。

另外，虽然对商品的用途名称没有强制标示的规定，但对于消费者来说也是很重要的信息，所以最好像“涮锅用”“烤肉用”这样来进行标示。

肉类食品的具体标示范例

散装商品的标示

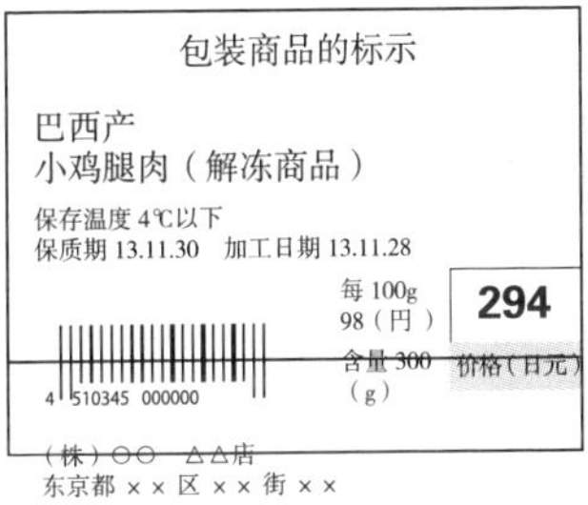

（2）原产地

日本产商品以“日本产”等能够表明日本国内生产为原则进行标示。

除了“日本产”外，还能以主要饲养地所在的都道府县名称（如北海道）、市街村名称（如神户市）、旧国名（如信州）等一般为人们所熟知的地名来进行标示。

另外，所谓的“主要饲养地”是指如果是在两个以上的饲养地饲养出来的产品，其中饲养时间最长的地方。

进口产品要像“美国产”“澳大利亚产”这样来标示原产国名称。

也可以像“美国产”“澳洲产”等为人们所熟知的日语中的国名略称。这种场合，要用日语中浅显易懂的词汇来标示，不可以用“USA 产”等英文形式来标示。另外，进口产品的原产地名仅限于国家名称，不可以标识诸如“塔斯马尼亚”这样的地方名称。

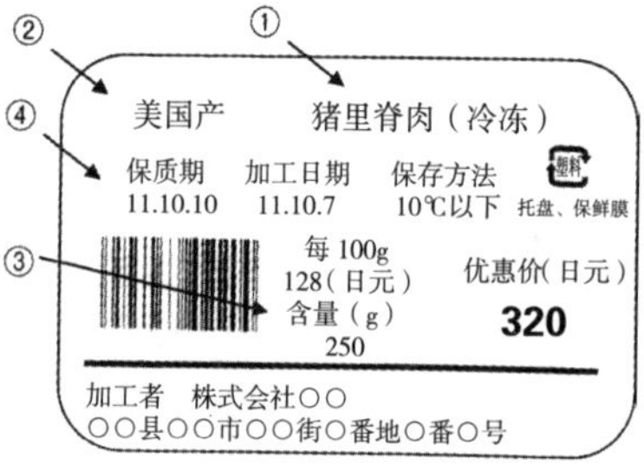

畜产商品（肉类）的原产地标示

日本产商品	①以能够表明日本国内生产为原则进行标示 例：日本产 ②除“日本产”外还可以有以下标示方法 · 都道府县名、市街村名、郡名 · 一般为人们所熟知的地名：屋久岛等 · 旧国名：土佐、丹波等 · 旧国名别称：信州、甲州等
进口商品	原产国名称：美国产、中国产等
错误的原产地标示	①标示“和牛” “和牛”是品种名称，必须像“日本产和牛”等将原产地也标示出来 ② USA 等英文标记

（3）分量、售价

关于分量，要标示的是除包装材料及附加油脂外的商品重量。以100克为单位销售的价格（叫单位价格）可以用“每100g98日元”这样的形式进行标示。牛排肉等不合适仅以单位价格来标记的商品，可以用“1块○○○日元”等形式来标明，也可以和单位价格共同标示。

还有些商品既可以用“1块○○○日元”的形式标示，也可以用“每100g ○○○日元”的形式标示。

另外，有关单位价格，除肉禽部门出售的食用肉类外，在火腿、培根、香肠或“烤肉调料”类的商品中也要标示出来。由于各都道府县或特定的城市的店铺（面积）、商品种类不尽相同，所以要对店铺所在地的自治条例等进行确认。

（4）关于冷冻、解冻方面的标示

◎牛肉、猪肉

以冷冻状态进货的肉类，或者冷冻处理过的冷藏肉类商品要标明“冷冻”或“frozen”的字样，而解冻的肉类商品要标明“解冻”以表达解冻过的意思。

◎鸡肉

冷冻处理过的日本产鸡肉必须标明“冷冻产品”。而进口的鸡肉可以跟牛肉、猪肉一样以“冷冻”或“frozen”进行标示。但解冻后的鸡肉，不论是日本产的还是进口的都以“解冻商品”进行标示。

特色商品的标示

接下来，我们就商品特有的标示方法和特色商品的标示方法进行说明。必须在对原材料和交货发票等上记录的信息进行确认的基础上，正确地对商品进行标示。

（1）牛肉

◎ 和牛

日本产牛并不等于是和牛，只有以下的①～④的品种才能以和牛来标示。

①黑毛和牛；②褐毛和牛；③日本短角牛；④无角和牛。

①～④可以标示为“和牛”，但以下的⑤⑥两种只能标记为“和牛间的杂交品种”，或标明杂交品种的名称。

品种⑤是上述①～④品种之间杂交产生的，品种⑥是上述的品种⑤和品种①～④之间杂交产生的品种。

这些品种要有“小牛登记证明书”等证明文件，并且牛类源头追溯性管理制度能够确认其是在日本国内出生、饲养的，只有这样的牛肉才能以“和牛”来进行标示。

（2）猪肉

◎黑猪

只有纯种的巴克夏猪才能标示为“黑猪”。

（3）鸡肉

◎地鸡

会津地鸡、名古屋科钦鸡等的地鸡肉，是由日本农业标准

（JAS）定好标准的，只有符合这一标准的鸡才能标示为地鸡肉。

标示的内容除常规内容外，还要附加以下内容：

①品种组成（父比内鸡 × 母罗德岛红鸡）。

②饲养时间（120 天）。

③饲养方法［“放养（整个期间）”］。

◎成年鸡、小鸡

出生未满 3 个月的鸡可以以“小鸡”来标示，出生 5 个月以上的鸡以“成年鸡”来标示。

◎去皮

在纯鸡肉（去骨带皮的鸡肉）中，去皮的商品要用“去皮”标示出来。

特色商品的标示

<名称和“和牛间杂交品种的组成”一起标示的情况>

以下列记号来标明其品种组成

“黑”：黑毛和牛

“褐”：褐毛和牛

“短”：日本短角牛

“无”：无角和牛

“和牛间杂交”：由上述 4 种品种杂交产生的品种

标示范例：“褐 × 黑”“褐黑”“和牛间杂交 × 黑”等

※ 在黑猪、和牛的商品标示中，如果在不符合条件的商品上标示了“黑猪”“和牛”，就构成了不当标识，一定要注意。

加工方法、工序方面的商品标示注意点

（1）去筋、调味

在店内进行去筋或用调料调味（加作料、腌制）等处理过的商品，肉的内部有可能会被病原微生物污染。所以必须标明“由于商品经过前期处理，请充分加热以后再食用”等语句，以表达“商品经过了一定的处理”以及“食用时一定要充分加热”的意思。

（2）混合肉馅

牛肉和猪肉等由几种肉类混合到一起的肉馅，只单纯标示“混合肉馅”是不行的。

要按照所含成分多少的顺序，标明“牛肉、猪肉混合肉馅”“猪肉、鸡肉混合肉馅”等。另外，如果用解冻过的肉类做原料，还必须标上“解冻”的标示。

（3）培根、火腿、香肠

培根、火腿、香肠类商品必须标示“加热食用的肉类商品”。

标示维也纳香肠、法兰克福香肠的话，也可以省略这种标示。

此外，商品是“包装后加热”还是“加热后包装”，也要相应地标明。经过加热处理的火腿在店内分成小份包装的属于“加热后包装”的范畴。

火腿、培根是片状的还是块状的，也要将其形状标示清楚。

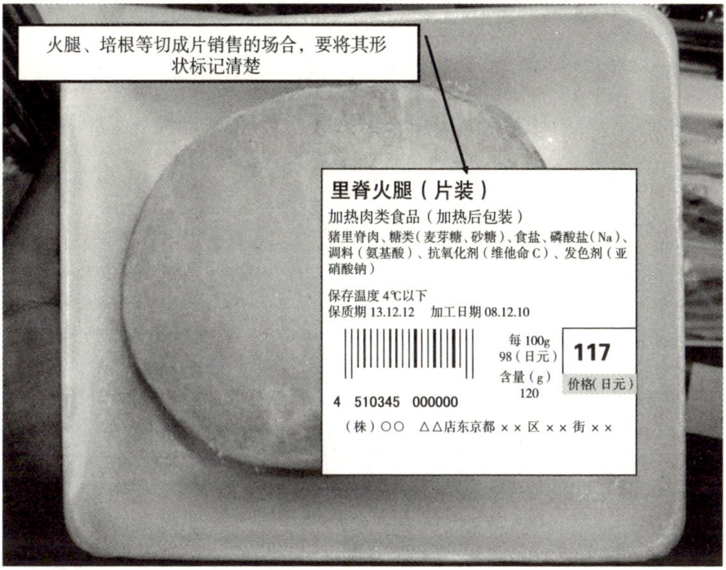

关于“成型肉”（包括注入牛油加工的肉）

2005年某家连锁餐厅，将用成型肉做出来的料理以“牛排”的名义提供给了消费者，因其标示的内容被消费者误认为其品质比实际的菜肴要高出很多，所以被日本公正贸易委员会取缔。

使用成型肉加工的商品如果单以“牛排”来标示的话，会被顾客误认为是“牛的鲜肉块”，为了避免这种误解，要按照以下的正确的方法对其进行标示。

使用牛的成型肉（※1）制作出来的牛排、小块牛排等商品，一定要标示“使用成型肉”“使用成型肉制成的商品”等字样。为了不被消费者误认为是牛肉的一块或是只经过切割处理的牛肉，一定要标明是成型肉。

注入牛油加工的肉（※2），不能标示“夹有脂肪的牛肉”，在标示“软牛排”等商品的时候，要标上如“使用了注入牛油加工的肉”“使用注射加工肉制成的商品”等字样，以明确表示使用了加工过的牛肉。

这些标示要与商品名称在同一处，在靠近名称处一起标记。

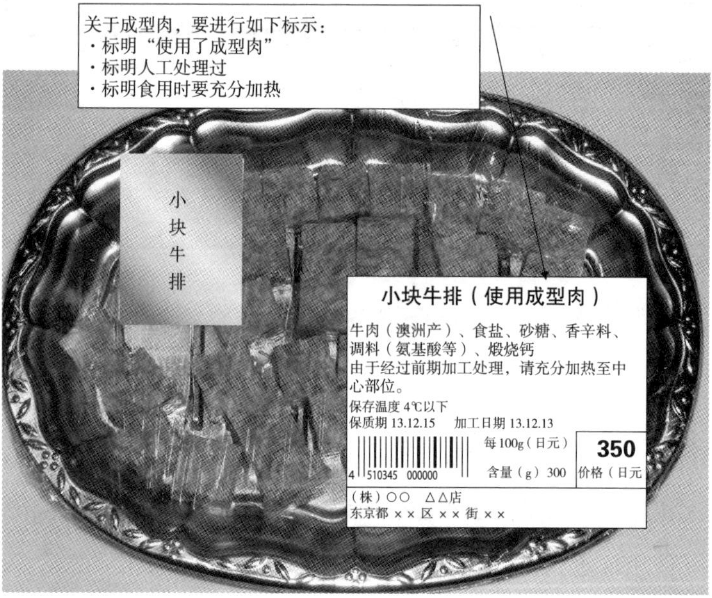

※1 所谓成型肉，是指在生牛肉、肥肉、横膈膜等中添加酵素、植物蛋白等，经过人工结合，制作而成的产品。

※2 所谓注入牛油加工的肉，是指在牛油中混入麦芽糖、抗氧化剂等，然后将这种混合物用一种注射针像剑山（一种插花工具）的机器『injection』注入牛肉内，人工将牛肉肉质变成夹有脂肪的状态，然后进一步制作成产品。也叫『注射加工肉』。

关于日本产牛肉的源头追溯性管理

日本国内饲养的牛肉，必须进行个体识别号码管理。

这是BSE（牛海绵状脑病，俗称疯牛病）在日本发生后形成的制度，是为了让消费者对牛肉有信赖感。

在店内有必要对牛肉原料的信息及出售商品的标示等进行管理。

下面我们来具体看看对每道工序该如何进行管理。

（1）进货

在对作为原料的日本产牛肉进货的时候，要制作采购底账，用于记录“个体识别号码或批次号码、采购年月日、采购的重量、供货方名称”。

也可以保存记载上述内容的交货发票等。在进原材料的时候，要检查原料牛肉与发票内容是否相符。该发票要保管两年。

（2）加工

部分肉上贴有记载个体识别号码的标签，直到对加工好的肉进行标价这道工序为止，都要根据此标签进行加工。在这个过程中，要将加工日期明确标记在使用部分的肉的标签上，并将标签贴在记录本等地方保存起来。这样，就可以清楚地知道在什么时候用哪种原料牛肉进行了加工。

（3）标示

标签纸上标有10位数的“个体识别号码”或“批次号码”。

在标示“批次号码”时，还要将标示者的名称（公司名）和电话号码等联系方式一并标明。标示的位置，可以是“商品的容器包装上”或“店里的显眼位置”。

标示的对象是日本国内饲养的牛的肉，下面列举的是“个体识别号码”标示对象以外的商品。

①“汉堡肉、调味肉”等经过制造、加工、烹调的商品。

②“肉馅”。

③以“内脏肉、舌头等副产品”或“肉丝、边角肉”等在修整过程中产生的碎块肉为原料制作的商品。

牛的出生以及饲养时间等信息，在网上用“牛的个体识别

牛的生产履历的调查方法

请务必确认一次。

在（独）家畜改良中心主页的“牛的个体识别号码信息检索服务”输入10位数个体识别号码，就可以进行检索了。

·（2013年11月24日14点）

个体识别号码	出生年月日	性别	母牛的个体识别号码	品种
1234567890	2012.03.21	去势（雄性）	2345678910	荷兰种乳牛

	饲养县	调动内容	调动年月日	饲养设施所在地	姓名或名称
1	北海道	出生	2012.03.21	川上郡标茶街	高桥一
2	北海道	交易	2012.04.12	川上郡标茶街	高桥一
3	北海道	运进	2012.04.12	钏川市	北联钏路地区家畜市场
4	北海道	交易	2012.04.12	钏川市	北联钏路地区家畜市场
5	北海道	迁入	2012.04.12	白*郡白*街	公荣畜产（有）白*分店
6	北海道	迁出	2012.10.06	白*郡白*街	公荣畜产（有）白*分店
7	北海道	迁入	2012.10.06	白*郡白*街	神明畜产（株）钏白食肉联合厂
8	北海道	迁出	2012.10.28	白*郡白*街	神明畜产（株）钏白食肉联合厂
9	北海道	运进	2012.10.28	中川郡池田街	池田町食肉中心
10	北海道	宰杀	2012.10.29	中川郡池田街	池田町食肉中心

资料来源：摘自（独）家畜改良中心主页

号码信息检索服务”进行搜索的话，就能在独立行政法人、家畜改良中心的主页上查到。可以根据需要进行确认。

牛肝、生食用肉类的处理

（1）牛肝（肝脏）

2012年7月开始实施的法律规定禁止出售生食用牛肝，所有牛肝必须作为“加热食用”的食品出售。

在销售牛肝的时候，必须在店内张贴海报等以标示以下内容：①要加热后食用；②在烹调的时候要加热至牛肝的中心部位；③不要生食，有食物中毒的危险性。

该法律实施1年后，在牛肝的销售方面，即使出现了近乎违法的现象，也只是由保健所进行现场指导。但在2013年10月发生了一起事故。

京都府某烤肉店向消费者提供了生食牛肝，结果导致4位顾客出现了由弯曲菌引起的食物中毒并住院，该店的社长和店长被逮捕。

本应该加热后食用的牛肝，在顾客询问时店方却回答“可以生食”，这是“没有正确标示”的行为，被认为违反了食品卫生法。

之后如果再有此类事件发生，不仅保健所要进行指导，刑事上也会进行处罚。在出售或向消费者提供牛肝时，即使只是口头表达“可以做刺身或生食”，也会被处罚。

（2）生食用肉类

下面对生食用肉类食品进行说明。

现在在食用肉类中，能作为生食销售的只有以下两种：

①除去内脏部分的牛肉中，符合生食标准的部分。

②马肉及其肝脏。

对于这些生食用肉类的加工和出售都有非常高的标准和要求。

店铺购入的生食用肉类在加工的时候，哪怕是简单的切片处理，也要设置专门的“生食用肉类烹调专用设施”，与其他肉食商品的加工场所区分开。

在加热食用的肉类的加工设施内，错开时间段来加工生食用商品也是不允许的。另外，菜刀、案板等器具也要使用生食专用工具，在每次使用后都要用83℃以上的热水进行清洗，并且消毒。

平成24年（2012年），日本厚生劳动省发表了对加工生食用肉类设施的监督指导结果，食用肉销售行业的设施不符合规定的达96%之多。从现状来看，在店内加工生食非常难。

下面我们来看一下用容器包装好的生食用肉类商品（以店外包装的形式采购的商品）在出售时所要标示的内容。

陈列从制造商那里进的商品时，要检查是否有以下标示内容：

①要表达出生食用的意思（“生拌牛肉丝用”“生烤牛肉用”

的标示不可用）；②屠宰场名称；③加工设施名称；④有关生食的注意事项（参照下图范例）。

生食用肉类的标示范例

在出售生食用肉类商品时，一定要有以下标示。

（标示例，日本产商品）

名称	后腿肉（生食用）
原材料名称	牛肉（○○产）
含量	○○g
保质期	○○○○年○○月○○日
保存方法	请在4℃以下保存
屠宰场	○○肉类中心（○○县）
加工设施（加热杀菌）	○○肉类批发中心（○○县）
加工者	○○株式会社 ○○县○○市1丁目1番地

请确认商品上是否附有以下注意事项的标示（例）内容。

食用生肉通常是食物中毒的原因，在身体不适的时候，或小孩、老年人、妊娠中的女性等抵抗力较弱的顾客，请尽量不要食用。

第8章

12个月的每周促销计划

1月　销售主题和重点推出的商品

1　新年初次销售　涮锅

促销时间——新年头三天

食用场景——晚餐

目标消费者——家庭

关联促销——涮锅作料、蒸涮肉作料、柚子胡椒

年初商战到 3 日为止，这段时间与之后的 4 日开始的销售内容要分开，假期中的柜台布置不能一成不变，要下功夫。

很多店都认为年初商战是年末商战的延续，所以继续沿用原来的柜台布置。但在年初，“日式牛肉火锅”的特大包装商品的购买率会明显下降。我们的销售重点要从日式牛肉火锅转移到清爽的“涮锅”上去，包装也要从特大份的改成以中份、大份为主，以确保销售额。

这期间，购物中心会吸引很多消费者，所以地区性的超市要参考前一年的销售业绩，实施彻底的损耗管理。

商品加工上，要点是换掉“日常涮锅”的商品，转向加工“节日涮锅”商品。尤其是牛肉的涮锅要以“节日涮锅”来进行促销。

黑毛和牛后腿肉 涮锅用 1580日元

促销商品

商品名称	重量	价格	100g 单价
黑毛和牛里脊肉　涮锅用	200g	1980 日元	990 日元
黑毛和牛肩胛里脊肉　涮锅用	220g	1980 日元	900 日元
黑毛和牛后腿肉　涮锅用	300g	1580 日元	527 日元
黑毛和牛五花肉　涮锅用	250g	1580 日元	632 日元
黑猪里脊肉　涮锅用	200g	680 日元	340 日元
黑猪肩肉　涮锅用	220g	680 日元	309 日元
黑猪后腿肉　涮锅用	300g	680 日元	227 日元
黑猪五花肉　涮锅用	250g	680 日元	272 日元
黑毛和牛、黑猪腹肉　涮锅用	250g	980 日元	392 日元

2 清淡火锅节

促销时间——4～7 日

食用场景——晚餐

目标消费者——家庭

关联促销——火锅汤料、橙醋、萝卜泥

人们的胃开始出现疲劳感的话，会开始向往清淡的“和风火锅”。应消费者的这一需求，可进行“以和风来养胃的鸡肉汆锅、相扑火锅”等提案。在火锅中销售额名列前茅的“泡菜锅”也要扩大销售规模。

和风火锅的提案中，要以日本产鸡腿肉为主，同时销售鸡翅根、带骨鸡腿肉块等商品。日本人在 7 日那天有喝“七草粥”的习惯，所以要进行火锅最后以七草杂烩结束的提案。

通过 POP 宣传，可以大幅提升 7 日那天消费者食用火锅的概率。比起做七草粥，在火锅收尾时做杂烩更加方便，还能起到教孩子学习七草饮食知识的作用。在商品组合方面，将七草和肉组合到一起推出“七草杂烩套餐”等商品，既能推动蔬菜、水果类商品的销售，还能将柜台布置得更具活动气氛。但由于只在 7 日一天内进行销售，七草杂烩套餐说到底只是用来吸引消费者注意力的商品。

日本产猪肉、鸡肉火锅套餐 1580 日元

促销商品

商品名称	重量	价格	100g 单价
地鸡腿肉块　鸡肉氽锅用	180g	480 日元	267 日元
品牌鸡腿肉块　火锅用	350g	480 日元	137 日元
日本产小鸡腿肉块　火锅用	400g	480 日元	120 日元
巴西产小鸡腿肉块　火锅用	500g	480 日元	96 日元
日本产小鸡翅根　火锅用	800g	480 日元	60 日元
日本产猪五花肉　泡菜锅用	400g	480 日元	120 日元
日本产猪肉、鸡肉火锅套餐	1200g	1580 日元	132 日元

3　欢庆时用的厚片展销

促销时间——成人节

食用场景——晚餐

目标消费者——家庭

关联促销——牛排酱、盐、胡椒、芥末

包括成人节在内的长假期间，要开展欢庆菜单所需的“厚片展销”。进行厚牛排、厚烤肉、厚炸猪排等节日菜单的提案。

厚牛排的原料，从黑毛和牛到进口牛肉各种等级的牛肉都可以推荐。特别是将牛排用的黑毛和牛后腿肉（牛臀肉）做成半熟厚牛排的话，口感非常柔软。澳洲产的牛肉以“瘦肉多，有益于健康”为主题，美国产的牛肉以“用谷物喂养，非常美味”

为主题进行促销。

相对于一般肉片的5毫米厚度，“厚片烤肉”要切成10毫米的厚度来吸引消费者。“厚片猪排”以黑猪肉、白猪肉为主，用日本产猪肉吸引顾客。一般炸猪排的肉片为1.5厘米，厚片猪排要加工成2.5厘米的厚度。要用菜刀将肉筋去除。能够用去筋器进行去筋加工的话比较好。

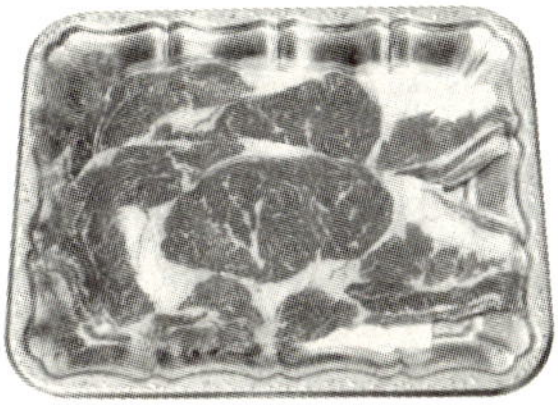

日本产牛里脊牛排
2880日元/400g

促销商品

商品名称	重量	价格	100g单价
黑毛和牛牛外脊　牛排用	200g	1980日元	990日元
日本产杂交牛小里脊肉　牛排用	100g	980日元	900日元
日本产小牛里脊肉　牛排用	200g	1480日元	740日元
澳洲产牛牛外脊　牛排用	200g	680日元	340日元
日本产黑猪里脊肉　嫩煎猪排用	300g	880日元	293日元
日本产猪肩肉　嫩煎猪排用	320g	580日元	193日元

4　家人团聚！孩子也非常喜欢的炖菜

促销时间——中旬以后的工作日

食用场景——晚餐

目标消费者——所有家庭

关联促销——炖菜酱

中旬一过，消费者们就开始缩减开支了，所以在这个阶段要以低价商品来提高销售额。工作日的促销要点是推出热食菜单，冬天不只有火锅，还可以向顾客提案烹调简单、孩子爱吃的“炖菜”菜单。

在炖菜酱的包装上写有所需肉的用量，炖牛肉需要约600克牛肉，白色炖菜系列的需要约400克，商品的包装量要以此为参考。

在炖牛肉中需要的肉量较多，为了不给消费者造成负担，建议用日本产乳牛的肩胛、后腿边角肉。加工成2毫米厚的肉片，同时要注意让其能够耐得住长时间炖煮。此外，还可以提案用肩胛里脊颈肉、牛舌做炖菜。

白色炖菜中，主要以日本产鸡胸肉、鸡脯肉为主要食材，也可以用混合肉块。分别加工成15毫米厚的肉丁，以适合孩子食用。

日本产鸡腿肉、鸡胸肉混合肉块 炖菜用 380日元

促销商品

商品名称	重量	价格	100g单价
日本产小牛肩胛边角肉 炖牛肉用	200g	480日元	240日元
日本产小牛后腿边角肉 炖牛肉用	200g	480日元	240日元
日本产小牛肩胛里脊颈肉 炖牛肉用	150g	480日元	320日元
日本产小牛前胸肉块 炖牛肉用	150g	480日元	320日元
澳洲产牛舌厚片 炖牛肉用	100g	480日元	480日元
日本产小鸡鸡胸肉 炖菜用肉块	380g	380日元	100日元
日本产小鸡鸡脯肉 炖菜用肉块	300g	380日元	127日元

2月　销售主题和重点推出的商品

1　节分（立春前一天）时节，稍微来点火锅

促销时间——节分

食用场景——晚餐

目标消费者——家庭

关联促销——火锅汤底、柚子胡椒、橙醋

节分的时候，按照往年惯例一般是推出“蔬菜卷烤肉”的食材，副食品柜台会推出“粗卷寿司”来提高销售额，肉禽部门如果也推出同类型商品的话，很难提升销售额。

肉禽部门要提案做烹调简单的菜肴，推出有利于提高销售额的“以猪肉为主的火锅”来吸引消费者。

猪肉部位限定成里脊肉、肩胛肉、五花肉，包装商品单价定为消费者易于接受的380日元价格带。

由于给顾客带来的是“稍微尝尝火锅”的印象，所以要摆出“猪五花肉、肉丸火锅组合”等1盒就能搞定的商品阵营。

在蔬菜价格较低的时期，不把蔬菜放入冬天的火锅组合商品中，因为消费者多是以单品形式购买蔬菜的。

猪五花肉、肉丸火锅套餐 480日元

促销商品

商品名称	重量	价格	100g 单价
日本产猪里脊肉片　火锅用	180g	380 日元	211 日元
日本产猪五花肉片　泡菜锅用	240g	380 日元	158 日元
美国产猪里脊肉片　火锅用	240g	380 日元	158 日元
美国产牛腩肉片　咖喱锅用	200g	480 日元	240 日元
日本产鸡翅根　胶原锅用	600g	380 日元	63 日元
红鸡腿肉块　鸡肉汆锅用	200g	480 日元	240 日元
日本产猪绞肉　担担锅用	300g	380 日元	127 日元

2　抓住男人的心！爱情牛排

促销时间——14 日情人节

食用场景——晚餐

目标消费者——家庭主妇

关联促销——牛排酱

在情人节提案做“充满爱意的牛排”。不仅是牛肉，还要着力推出猪排、鸡排食材，以充实柜台。

牛肉商品部分，牛外脊、肋眼肉要以固定重量、固定价位的单块出售，同时还可以建议用臀肉做瘦肉牛排。因为进口牛肉可以确保加价，所以可通过“牛排批量销售”来有效地增加活动气氛，提升销售量。例如“前腰里脊 1 块 380 日元，3 块优惠价 980 日元”，用前腿心加工的“超大牛排 1 块 680 日元，2 块优惠价 1280 日元”等形式来展开促销。

调味方面，推出原味、山贼烧（一种日式调味方式）、香料、香草等多种口味的食材以供消费者挑选。情人节那天可以对“充

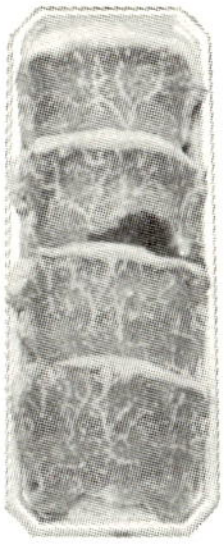

黑毛和牛臀肉牛排　580日元

促销商品

商品名称	重量	价格	100g 单价
黑毛和牛臀肉　牛排用	100g	380 日元	380 日元
日本产牛肉猪肉汉堡肉　牛排用（心形）	120g	180 日元	150 日元
日本产牛外脊肉　牛排用	160g	880 日元	550 日元
美国产牛外脊肉　牛排用	120g	380 日元	317 日元
日本产牛臀肉　牛排用	320g	680 日元	213 日元
日本产猪带骨里脊肉　猪排用	100g	298 日元	298 日元
日本产小鸡肉　鸡排用	100g	98 日元	98 日元

满爱意的心形手工汉堡牛排”进行促销。

3　用稀少部位的肉做日式牛肉火锅

促销时间——周末

食用场景——晚餐

目标消费者——老年人、年轻夫妇

关联促销——日式牛肉火锅作料

消费低迷的2月份，在冬季薄肉片需求下降之前，要以“日式牛肉火锅”来稳固销售额。

根据烤肉店颇受欢迎的“稀少部位”的菜肴来发掘消费者需求。将一般意义上的里脊肉、肩胛里脊肉、肩胛肉、腹肉、后腿肉细分成更小的部位，以下肩胛翼板肉、臀尖肉、臀肉、板腱肉等名称来出售。要通过POP将部位名称标示清楚以吸引顾客。不过，因为下肩胛翼板肉、臀尖肉等名称在法律中没有，所以要注意分别以“肩胛里脊”“后腿肉”来进行标示。

切成小块的稀少部位的肉会走形，所以加工时要多花点功

黑毛和牛下肩胛翼板肉（肩胛里脊肉）日式牛肉火锅用 780 日元

促销商品

商品名称	重量	价格	100g 单价
日本产黑毛和牛下肩胛翼板肉（肩胛里脊肉）日式牛肉火锅用	100g	780 日元	780 日元
日本产黑毛和牛臀尖肉（后腿肉）　日式牛肉火锅用	100g	580 日元	580 日元
日本产黑毛和牛臀肉（后腿肉）　日式牛肉火锅用	100g	580 日元	580 日元
日本产黑毛和牛板腱肉（肩胛肉）　日式牛肉火锅用	100g	680 日元	680 日元

夫。要用较小的、高档的托盘来包装商品，以吸引消费者眼球。

4　猪里脊肉展销

促销时间——工作日

食用场景——晚餐

目标消费者——家庭

因为 2 月份销售额较低，所以要推出可操作性较强、能提升销售额、带来利润的商品。就这点而言，猪里脊肉是合适的促销商品，菜单提议花样繁多，诸如“涮锅、火锅、生姜烤肉、猪肉盖饭、炸猪排、烤猪排”等都比较畅销。

加工日本产猪里脊肉时，只需剔除脂肪、鬼筋（煮不烂的筋）部分、骨头一侧的软骨等工序，20 秒就可以完成一块里脊肉的加工。脂肪层的厚度一般是 5 毫米以下，但 3 毫米的厚度消费者普遍也能接受。进口猪肉“CC lion（ 美国进口，指里脊中心肉质最好的部位）”由于没有肋脊肉（肋条上方附着的肉），开封真空包装以后，去掉肉汁，确认没有软骨等的附着，然后直接进行加工。加工时，肋条一侧的肉面积较大，所以加工成较有分量感的“牛排”“猪排”的食材，切成15毫米厚的肉片比较有吸引力。

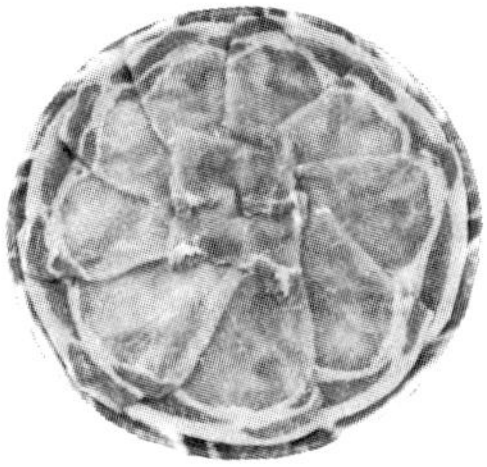

日本产猪里脊肉　涮锅用 580 日元

促销商品

商品名称	重量	价格	100g 单价	厚度
日本产猪里脊肉　烤猪排用	240g	480 日元	200 日元	15mm
日本产猪里脊肉　生姜烤肉用	240g	480 日元	200 日元	5mm
日本产猪里脊肉　盐麹烧用	240g	480 日元	200 日元	3mm
日本产猪里脊肉　涮涮锅用	240g	480 日元	200 日元	1mm
美国产猪里脊肉　烤猪排用	240g	380 日元	158 日元	15mm
美国产猪里脊肉　炸猪排用	240g	380 日元	158 日元	10mm
美国产猪里脊肉　酱猪肉用	240g	380 日元	158 日元	5mm
美国产猪里脊肉　涮涮锅用	240g	380 日元	158 日元	1mm

3月　销售主题和重点推出的商品

1　相聚在女儿节

促销时间——女儿节

食用场景——晚餐

目标消费者——家庭

关联促销——涮锅作料

在女儿节，单准备散寿司等料理稍显不足，还可以向消费者提案做一道简单的料理——涮锅，这是大人、小孩所有人都能接受的一道佳肴，想在上半月确保销售额的话，就要大力进行促销。

虽然猪肉是主流的涮锅食材，但牛肉、鸡肉也要备好货。特别是牛肉涮肉给人以昂贵的感觉，可以促销用进口牛做成的涮肉，以确保利润。鸡胸肉做的涮肉单品容易出现价格上浮的现象，为了做成符合顾客消费观的商品，要固定价位进行备货。

要抛弃涮锅专柜的陈旧观念，大胆地更换商品，布置成“新生涮锅专柜”。初春要提案蒸涮肉，寒冷的日子提案涮锅，暖和的日子则换成蒸涮肉。

日本产小鸡胸肉 涮锅用 380 日元

促销商品

商品名称	重量	价格	100g 单价
日本产猪里脊肉　涮锅用	200g	380 日元	190 日元
日本产猪肩肉　涮锅用	240g	380 日元	158 日元
日本产猪后腿肉　涮锅用	300g	380 日元	127 日元
日本产猪五花肉　涮锅用	260g	380 日元	146 日元
美国产猪里脊肉　涮锅用	380g	380 日元	100 日元
美国产猪肩肉　涮锅用	400g	380 日元	95 日元
美国产猪五花肉　涮锅用	300g	380 日元	127 日元
美国产牛肩胛里脊肉　涮锅用	200g	380 日元	190 日元
日本产鸡胸肉　涮锅用	300g	380 日元	127 日元

2　给肉食系女子一个满满的白色情人节

促销时间——毕业典礼、白色情人节

食用场景——晚餐

目标消费者——20 岁、30 岁的情侣、夫妻

关联促销——牛排酱、盐胡椒、芥末

配合白色情人节和毕业季推出节日菜单，开展牛排展销活动。在肉食系女子较多的现代，在白色情人节要提案做“丰厚的牛排”。

心形的汉堡牛排，作为白色情人节用来吸引顾客注意力的商品是很有必要的。现在有很多男性比女性还要细致周到，所以在白色情人节之前的几天就要开始进行“牛排展销”活动，这是很重要的一点。

为了庆祝毕业，要推荐消费者举办“家庭豪华牛排日”，推出“半块牛排”“牛外脊、后腿牛排组合”等商品，销售效果会比较好。

牛排的“厚度”往往是其魅力之所在，将食材加工成 15 ~ 20 毫米的厚片，制作成彰显牛排豪华感的“厚牛排”商品，比较能吸引消费者。

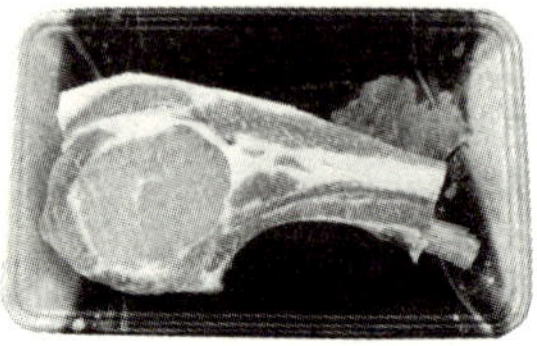

日本产猪带骨里脊肉　烤猪排用 100g 138 日元

促销商品

商品名称	重量	价格	100g 单价
黑毛和牛牛外脊　牛排用	150g	1280 日元	853 日元
黑毛和牛后腿、臀肉　牛排用	250g	980 日元	392 日元
美国产牛里脊肉　牛排用	150g	380 日元	253 日元
美国产牛肩胛里脊　下肩胛翼板肉 牛排用	300g	680 日元	227 日元
日本产猪带骨里脊肉　烤猪排用	100g	138 日元	138 日元
日本产牛猪混合肉馅	300g	380 日元	127 日元
日本产牛猪汉堡肉　牛排用（心形）	120g	200 日元	167 日元

3　用日式关东煮将库存商品一下子卖光

促销时间——外界气温低的日子

食用场景——晚餐

目标消费者——所有家庭

关联促销——日式关东煮底料、黄芥末

虽说已经到 3 月份了，但天气寒冷的日子还是比较多，所以还不能将销售重点全部转移到烤肉菜单上。在季节转换的时节，将注意力放在能拉动销售额的“日式关东煮”上进行促销。

作为卖家，都希望将冷冻间里的火锅用商品的库存全部销售光，将“包菜卷”“牛筋瓣膜（牛筋）”“火锅用肉丸子”等商品也一起售罄，以此来达到降低库存金额，改善利润的目的。

如果有冷冻鸡腿库存的话，可以将其切成块，做成“带骨腿肉块”，作为关东煮食材进行促销。

新鲜肉的话，就是提案火锅中也能用的“日式关东煮组合”。将鸡翅根、翅尖、鸡肉丸做成组合商品，鸡腿肉块做成单品来出售，可以拉升销售额。

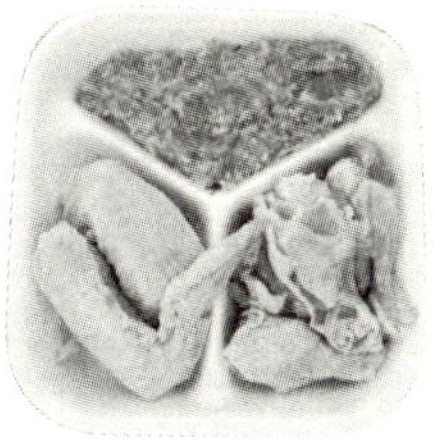

鸡肉关东煮 380 日元

促销商品

商品名称	重量	价格	100g 单价
日本产牛前胸肉　炖肉用	100g	298 日元	298 日元
日本产牛腱子肉　日式关东煮用	100g	198 日元	198 日元
日本产牛筋　日式关东煮用	100g	168 日元	168 日元
包菜卷（进口）	1 个	50 日元	
澳洲产牛筋瓣膜串	1 串	50 日元	
澳洲产牛筋串	1 串	50 日元	
鸡肉做的日式关东煮套餐	2 人份	380 日元	

4　用韩式简便菜单给新生活加油

促销时间——下旬

食用场景——晚餐

目标消费者——尤其是开始新生活的人

3 月下旬是搬家季，很多人在新的地方开始新的生活。开始单身生活的学生、单身赴任的父亲、踏上社会的新人，这些都是经济上不是很充裕，喜欢实惠商品的人群。尤其要面向还不习惯购物的学生，推出低价、大包装的商品。

既然以新生活为活动关键词，开始新生活以外的人就不是促销对象，为此，促销的主题限定为“韩国风味的调味烤肉”。

加工商品时，用搅拌调料给边角肉调味，然后装盘，其要点是“多放葱”，注意葱白丝和葱花的摆盘要美观。

关于商品分量，工作日一般是 300 ~ 400 克的商品比较好卖，去年 1 ~ 1.5 千克的大分量商品惊人地畅销，今年也要继续出售。价格基本上是每盘 300 日元，要注意不能低于这个价格。

搭配很多葱的炭火烤肉
380 日元

促销商品

商品名称	重量	价格	100g 单价
美国产牛腩边角肉　搭配很多葱的炭火烤肉用	380g	380 日元	100 日元
美国产牛肩胛边角肉　韩式烤肉用	1000g	1000 日元	100 日元
美国产牛腿边角肉　韩式烤肉用	500g	500 日元	100 日元
美国产猪五花肉　烤三层肉用	1000g	1000 日元	100 日元
巴西产鸡腿肉　韩式炒鸡排用	500g	500 日元	100 日元

4月　销售主题和重点推出的商品

1　自由挑选的烤肉节

促销时间——月初（赏樱需求）、月末（黄金周需求）

食用场景——野餐、晚餐

目标消费者——家庭、群体

关联促销——烤肉作料、柚子胡椒、芥末

从赏樱季开始让烤肉专柜充实起来，展开以大分量包装为主的销售。

①控制烤肉套餐的单价，以1280日元的价格带为主

关联促销的作料的备货要比平常的种类多，让顾客品尝到不同的烤肉味道。

②单品方面要准备烤肉店的人气商品

单品比起量大的品牌，量少的品牌更受顾客欢迎。在内脏中以销售牛横膈膜为主，再加上小肠、牛舌根，瘦肉系列中销售牛肩胛骨内侧肉、臀尖肉等，并且要标明“稀少部位”。

③“厚片”受欢迎

不仅是牛排、烤牛肉，牛舌厚片、牛横膈膜厚片等的内脏相关商品也能带来“厚片”的销售高潮。

商品制作——使用北美产的横膈膜肉（outside skirt），将其较薄的部位加工成牛排的话，能成为有质感的商品。

日本产牛腩　烤肉用 580 日元

促销商品

商品名称	重量	价格	100g 单价
日本产牛里脊肉　烤肉用	80g	580 日元	725 日元
日本产牛腩肉　烤肉用	120g	580 日元	483 日元
美国产牛腩肉　烤肉用	250g	580 日元	232 日元
美国产牛前胸肉　铁板烧用	200g	580 日元	290 日元
美国产牛肩胛里脊厚片　牛排用	200g	580 日元	290 日元
日本产猪肩肉　烤肉用	300g	580 日元	193 日元
日本产猪排骨　烤肉用	300g	580 日元	193 日元
日本产鸡腿肉　烤肉用	400g	580 日元	145 日元
澳洲产牛舌　烤肉用	120g	580 日元	483 日元
日本产牛内脏　烤肉用	200g	580 日元	290 日元

2　用春季的蔬菜做涮锅，蒸涮肉展销

促销时间——月中

食用场景——晚餐

目标消费者——家庭

关联促销——涮锅作料、凉涮肉作料、柚子胡椒、岩盐

以“猪肉中所含的维他命 B1 能够消除疲劳”为主题，以优惠的价格满足消费者对容易烹调的涮锅的需求。柜台的布置方面，作料要定期更换，向消费者进行凉涮肉、蒸涮肉提案的同时，作料也要与之配套。

①加强“涮锅菜单”的变化

早春的时候可以进行凉涮肉和蒸涮肉提案。通过关联商品作料的销售，明确当日促销的是“温涮肉”“凉涮肉”还是“蒸涮肉”。

②通过改变托盘突出季节感

对消费者需求较高的蒸涮肉、凉涮肉，使用给人以凉爽感的淡蓝色或鲜绿色等色系的托盘。形状也要用扇形、半月形、

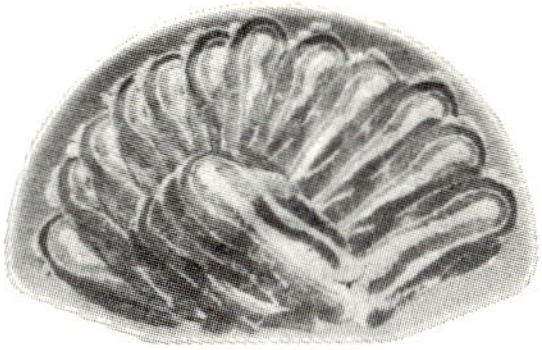
日本产五花肉　涮锅、蒸涮肉用 380 日元

促销商品

商品名称	重量	价格	100g 单价
日本产猪里脊肉　涮锅用	200g	380 日元	190 日元
日本产猪肩肉　涮锅用	240g	380 日元	158 日元
日本产猪后腿肉　涮锅用	300g	380 日元	127 日元
日本产猪五花肉　涮锅用	260g	380 日元	146 日元
美国产猪里脊肉　涮锅用	380g	380 日元	100 日元
美国产猪肩肉　涮锅用	400g	380 日元	95 日元
美国产猪五花肉　涮锅用	300g	380 日元	127 日元
日本产牛后腿肉　涮锅用	100g	380 日元	380 日元
日本产鸡胸肉　涮锅用	300g	380 日元	127 日元

圆形、桶状的。

3　春季烤鸡肉串节

促销时间——工作日

食用场景——晚餐

目标消费者——成年男性

关联促销——烤鸡肉串作料、岩盐、柚子胡椒、芥末

这个季节在赏樱花或欢迎会等聚会上，喝酒的机会较多，吃烤鸡肉串的机会变多。所以，要开展销售一般菜单上常见的鸡肉大葱串、鸡腿肉串等烤鸡肉串展销活动。

带扦子的话，顾客在家里就不容易烤制，所以也要同时销售“没有扦子的烤鸡肉串”。可以采用“3 种稀少部位套餐”的形式，将烤鸡肉串店受欢迎的鸡脯肉、鸡心、脆骨、鸡胗、鸡肝等组合在一起销售。

商品加工——为了让肉串烤后就能直接食用，洗净鸡心等产品的血水后对半切，将鸡脯肉用岩盐进行调味，用柚子胡椒

肉铺推荐的烤鸡肉串
3 种稀少部位套餐 298 日元

促销商品

商品名称	重量	价格	100g 单价
日本产鸡腿肉块　烤鸡肉串用	250g	298 日元	119 日元
日本产鸡胸肉块　烤鸡肉串用	350g	298 日元	85 日元
日本产鸡翅中　烤鸡肉串用	300g	298 日元	99 日元
日本产鸡地鸡腿肉块　烤鸡肉串用	80g	298 日元	373 日元
日本产鸡烤鸡肉串用 3 种稀少部位套餐	300g	298 日元	99 日元

腌制鸡肉以去除腥臭味、增加风味等，而且可将这些特色写到 POP 上。

4　4 月 29 日羊肉节 烤羊肉展销

促销时间——4 月 27 日 ~5 月 5 日

食用场景——晚餐、野餐

目标消费者——家庭、学生群体

关联促销——烤羊肉作料、盐、胡椒

羊羔肉主要是澳洲产和新西兰（NZ）产的。不过澳洲产的饲养日期稍长，所以比新西兰产的大一圈，带骨里脊肉（羊排）等商品的单价有差别。所以，产地的选择也很重要。

带骨羊羔排：骨头要一根一根切开，除了销售原味的，也可以用香草或香料进行简单的调味后出售。

托盘要用烤肉托盘，或活动气氛较浓的圆形托盘。

羊羔肩胛里脊肉：加工成烤羊排用、烤羊肉用、烤羊羔用的肉块商品。采购时，比起肩胛里脊肉的单品，带肩胛里脊的

澳洲产羊肩胛里脊肉 烤羊肉用
200g 680 日元

促销商品

商品名称	重量	价格	100g 单价
澳洲产羊羔肩胛里脊肉　烤迷你羊排用	100g	358 日元	358 日元
新西兰产羊羔带骨里脊肉　烤羊排用	100g	398 日元	398 日元
澳洲产羊羔肩胛里脊肉　烤肉用	100g	358 日元	358 日元
澳洲产羊羔肩肉边角肉　烤羊肉用	360g	580 日元	161 日元
澳洲产羊羔腿肉　烤肉用	100g	168 日元	168 日元
澳洲产羊羔肩肉　烤羊肉套餐	350g	580 日元	166 日元
澳洲产羊羔肩胛里脊肉　烤羊肉用	200g	680 日元	340 日元

羊肩更能提高加价率，将肩胛里脊剥离后，可以与肩肉部分以一定的差价进行销售。

5 月　销售主题和重点推出的商品

1　黄金周（Golden Week 日文简称 GW）户外烤肉节

促销时间——GW（3～6 日）

食用场景——户外烧烤（BBQ）、室内烤肉

目标消费者——学生群体、家庭

关联促销——牛排作料、烤肉作料、岩盐

近年来，BBQ 的需求不断增多，所以要开展适合 4 人以上消费的“BBQ、烤肉用商品”的销售。

可以提案“牛外脊排”“里脊牛排”等作为豪华 BBQ 的商品。在备货上要准备日本产牛肉，以满足喜欢日本产牛肉的消费者需求。

美国产、澳洲产的牛外脊用特定的价格吸引消费者，可以用“买 4 块只要 1000 日元”等优惠价格销售。对肩胛里脊肉（下肩胛眼肉 chuck eye roll）进行“1 磅（约 460 克）牛排”的提案。最近在户外烧烤中流行“烤牛肉”，所以要预测消费者需求，相应地出售牛外脊和肩胛里脊肉的肉块。

美国产牛外脊排 1 块 500 日元

促销商品

商品名称	重量	价格	100g 单价
日本产牛里脊肉 BBQ　牛排用	80g	580 日元	725 日元
日本产牛腩　烤肉用	120g	580 日元	483 日元
美国产牛腩　烤肉用	250g	580 日元	232 日元
美国产牛肩胛里脊　牛排用	200g	580 日元	290 日元
日本产猪里脊肉 BBQ　烤猪排用	300g	480 日元	160 日元
日本产猪五花肉　烤肉用	330g	480 日元	145 日元
日本产猪肩肉　烤肉用	300g	480 日元	160 日元
日本产猪排骨　烤肉用	300g	380 日元	127 日元
日本产鸡腿肉　烤肉用	300g	380 日元	127 日元

2　母亲节咖喱展

促销时间——母亲节

食用场景——晚餐

目标消费者——家庭

关联促销——咖喱粉

开展以“父亲和孩子做咖喱”为主题的展销。作为饮食教育的策划方案，要以孩子为主体，以制作简单的咖喱料理为前提。因为是“母亲（日文中发音与‘88’相近）节”，所以可以在母亲节隆重推出 88 日元均一价的咖喱肉专场。

除了经典的咖喱商品外，还可以提供肉感十足的“大块咖喱”，放有牛排、烤肉等的“奢侈咖喱”，或通过装饰配品来展现一种不一样的咖喱等商品，让烹饪变得更有趣。

标明肉的部位名称以吸引顾客，或附加“做大块咖喱吧”等宣传语，用叙事 POP 来宣传“不是仅可以用边角肉来制作咖喱”。同时销售相关的咖喱粉、切块蔬菜等以丰富柜台。商品含

日本产猪肉、鸡肉咖喱用边角肉组合 480 日元

促销商品

咖喱菜单	商品名称	100g 单价
经典咖喱	美国产牛腿边角肉	88 日元
	美国产猪肩肉边角肉	88 日元
	日本产猪肩胛边角肉	88 日元
大块咖喱	美国产牛肩胛肉肉块	88 日元
	美国产猪肩肉肉块	88 日元
	日本产小鸡腿肉块	88 日元
	日本产小鸡翅根	88 日元
配品	日本产牛筋	88 日元
	美国产猪肩肉 涮锅用	88 日元
	美国产猪肩肉 炸猪排用	88 日元
	美国产牛、猪肉 汉堡肉用	88 日元
奢侈咖喱	美国产牛外脊 牛排用	388 日元
	美国产牛舌厚片、肉块	388 日元
	美国产牛腩 烤肉用	388 日元

量加上咖喱粉等，以固定重量 300 克来销售为宜。

3 凉爽！凉涮肉的季节开始了

促销时间——中旬

食用场景——晚餐

目标消费者——所有家庭

关联促销——凉涮肉作料、蒸涮肉作料、柚子胡椒

一到下旬，“凉涮肉”的需求就增加了。布置专柜，营造出具有凉爽感的柜台。需要备货的商品有：能保障利润的美国产猪里脊肉、猪肩肉、涮锅用五花肉，能满足喜欢日本产肉的顾客需求的日本产猪里脊肉、猪肩肉、五花肉。作为辅助商品，还要备好日本产猪后腿肉、牛后腿肉、鸡胸肉等健康食品。猪五花肉是夏季泡菜锅的必备食品。

周末以 1 包 580 日元的系列商品为主打产品，同时备好 980 日元等的大包装商品。如果工作日不进行捆绑销售，下调成 480

日元系列。

为了让“凉涮肉专柜”看上去更美观，要用圆形托盘摆放成“花盛开”的造型，以吸引消费者的眼球。专柜内托盘的颜色要区分开，以便让顾客一目了然。

日本产猪五花肉 & 肩肉凉涮肉组合 580 日元

促销商品

商品名称	重量	价格	100g 单价
日本产牛后腿肉 凉涮肉用	200g	580 日元	290 日元
日本产猪里脊肉 凉涮肉用	240g	580 日元	242 日元
日本产猪肩肉 凉涮肉用	280g	580 日元	207 日元
日本产猪后腿肉 凉涮肉用	400g	580 日元	145 日元
日本产猪五花肉 凉涮肉用	320g	580 日元	181 日元
美国产猪里脊肉 凉涮肉用	400g	580 日元	145 日元
美国产猪肩肉 凉涮肉用	420g	580 日元	138 日元
日本产鸡胸肉 凉涮肉用	300g	380 日元	127 日元

4　烤肉的自由挑选大甩卖

促销时间——周末

食用场景——晚餐、野餐

目标消费者——所有家庭

关联促销——烤肉作料

在 GW 之后的销售额下降的日子，要开展“自由挑选大甩卖”活动。作为食用范围较广的食材——“牛肉、猪肉、鸡肉”的“自由挑选大甩卖”活动，在工作日举行效果会比较显著，而在周末开展“烤肉自由挑选，3 盒只要 980 日元”的甩卖，会更具有活动气氛，也更能提高销售额。烤肉商品 1 盒 380 日元就能买到，也非常具有吸引力，通过丰富商品的种类也能给柜台带来活力。

不仅要提供进口牛肉、猪肉、调味烤肉等商品，还要出售日本产的牛肉、黑毛牛肉等，以提高柜台的魅力。将同等重量的迷你牛排也加入到自由挑选甩卖的商品中，能进一步提高顾客挑选商品的乐趣，并活跃柜台气氛。

要点是以牛肉为主进行销售。牛舌、里脊肉、牛腹肉（牛腩）也是必备食品，横膈膜肉、肋条肉、猪颈肉等也要备好货。

肋条肉 & 日本产牛腩肉　烤肉用各 380 日元

促销商品

商品名称	重量	价格	100g 单价
日本产黑毛和牛牛腩肉　烤肉用	80g	380 日元	475 日元
日本产牛腩　烤肉用	100g	380 日元	380 日元
澳洲产调味牛肋条肉（牛腩）　烤肉用	100g	380 日元	380 日元
美国产牛腩　烤肉用	200g	380 日元	190 日元
美国产牛里脊肉　迷你牛排用	100g	380 日元	380 日元
美国产牛后腿肉　烤肉用	250g	380 日元	152 日元
美国产牛舌　烤肉用	80g	380 日元	475 日元
日本产猪五花肉　烤肉用	240g	380 日元	158 日元
日本产猪肩肉　烤肉用	200g	380 日元	190 日元
日本产猪颈肉　烤肉用	200g	380 日元	190 日元

6月 销售主题和重点推出的商品

1 用美国产牛舌扩大烤肉专柜规模

促销时间——周末

食用场景——晚餐、野餐、BBQ

目标消费者——家庭、学生群体

关联促销——烤肉作料、特保（日本特定保健用食品，简称“特保”）可乐、Mate茶

6月份外界气温上升，前半月是梅雨前，适合烤肉，用“烤肉专柜”将柜台充实起来。

另外，户外烧烤也很受消费者关注，所以一定要将“烤肉组合”商品备好。最好使用顾客一看就能清楚是几人份商品的托盘。将烤肉季初期阶段必备的牛腩和牛舌放在一起，形成“烤肉季初期组合”，这会成为畅销商品。

周末开展“烤肉自由挑选大甩卖”活动，可以提升销售量和销售额。要提供10种以上的商品，以满足消费者的选购乐趣。不论畜种，从日本产到进口的牛肉、猪肉、鸡肉、羊肉、内脏、香肠等关联商品都要备好货。

烤肉组合（日本产牛腩 100g、美国产牛舌 100g）980 日元

促销商品

商品名称	重量	价格	100g 单价
烤肉组合	200g	980 日元	490 日元
日本产牛腩　烤肉用	120g	580 日元	483 日元
美国产牛舌　烤肉用	120g	580 日元	483 日元
美国产牛舌厚片　牛排用	120g	580 日元	483 日元
美国产牛腩　烤肉用	250g	580 日元	232 日元
美国产牛前胸肉　铁板烧用	200g	580 日元	290 日元
美国产牛肩胛里脊厚片　牛排用	200g	580 日元	290 日元
日本产猪肩肉　烤肉用	300g	580 日元	193 日元
日本产猪排骨　烤肉用	300g	580 日元	193 日元
日本产鸡腿肉　烤肉用	400g	580 日元	145 日元

2　日本产猪里脊　肉块

促销时间——上旬至中旬

食用场景——晚餐

目标消费者——所有家庭

关联促销——涮锅作料、生姜烤肉作料、烤肉作料、盐胡椒

6 月份活动较少，所以可以主要促销能够有效提升销售额的重要部位——猪里脊肉。为吸引消费者，要点是“用维他命 B1 消除疲劳”“以富含维他命 B1 的猪肉为主的活力菜单”。

商品加工方面，使用日本产猪里脊肉，根据厚度和切法的不同，向顾客提案变化多样的菜单。肋骨肉排，切成约 2 厘米厚的肉块，并建议消费者做成厚猪排。同时提供肉排酱汁、肉排香料等以满足消费者需求。

腰肉可以切成约 1 厘米厚的肉块，然后加工成大酱腌制、盐麹（日本传统的发酵调味料）腌制、生姜烤肉的食材。臀部的肉顺着肌理切薄片，加工成涮锅用的薄肉片。边角肉则加工

日本产猪里脊厚片　猪排用

促销商品

商品名称	重量	价格	100g 单价
日本产猪里脊肉　涮锅用	220g	480 日元	218 日元
日本产猪里脊厚片　猪排用	220g	480 日元	218 日元
日本产猪里脊肉　生姜烤肉用	220g	480 日元	218 日元
日本产猪里脊肉　大酱烧用	220g	480 日元	218 日元
日本产猪里脊肉　蒸涮肉用	220g	480 日元	218 日元
日本产猪里脊肉　烤肉用	220g	480 日元	218 日元
日本产猪里脊肉　盐麹腌制用	220g	480 日元	218 日元
日本产猪里脊肉馅　饺子用	220g	480 日元	218 日元

成肉馅以满足顾客做饺子的需求。

3　用方便商品烹调简单的菜肴

促销时间——工作日

食用场景——晚餐

目标消费者——家庭主妇

直接对原材料进行烹调的家庭变少了，以“韩式烤肉”为主的调味烤肉已经成为保证销售额的核心商品。

同时，要扩大含有蔬菜的组合商品的销售规模，如“不用买蔬菜，1 盒商品就能搞定”的烤肉套餐，“既有丰富的蔬菜，又能品尝到肉”的“韩式炒鸡排”等，都是很受欢迎的商品。这些商品的加工需要耗费一定的人工，所以要在考虑到生产率的同时根据各店的情况相应地备货。

首先从只需要采购和摆放的“生烤鸡肉串”开始，然后慢慢地增加需要在店内进行加工的腌制商品、切割蔬菜的组合商品。

“生姜烤肉”多用里脊部位的肉进行加工，但也可以将猪后

日本产猪里脊厚片　猪排用

促销商品

商品名称	重量	价格	100g 单价
日本产猪后腿肉　生姜烤肉用、洋葱组合	150g	198 日元	132 日元
日本产猪五花肉边角肉　韩式烤肉用	100g	198 日元	198 日元
美国产牛肩胛边角肉　宫廷韩式烤肉用	200g	198 日元	99 日元
美国产猪五花肉　韩式烤三层肉用	200g	198 日元	99 日元
巴西产鸡腿肉　韩式炒鸡排用	200g	198 日元	99 日元
日本产小鸡肉大葱串（5 根）	150g	198 日元	132 日元
澳洲产羊羔肩肉串	100g	198 日元	198 日元

腿切成薄片后进行加工，这样可以提升加价率，改善收益。

4　凉爽菜肴的自由挑选大甩卖

促销时间——中旬至下旬

食用场景——晚餐

目标消费者——所有家庭

关联促销——凉涮肉作料、蒸涮肉作料、面调味汁、棒棒鸡沙拉作料、芝麻调料

6 月份后半月天气闷热，人的食欲会下降。为让消费者产生“这个菜很清爽，看上去能吃得下”的想法，提案要以凉涮肉为主，同时建议做蒸涮肉、烤涮肉、凉涮肉挂面等菜肴。

在柜台张贴附有照片的菜单 POP。凉涮肉主要以涮锅用的猪肉为主，同时提案用里脊肉、猪肩肉、五花肉、后腿肉的薄肉片来制作。要使用透明托盘，在整个柜台营造出清爽的感觉。

最好建议消费者用脂肪含量较多的牛腩、猪五花肉来制作蒸涮肉。用牛的前胸肉部分做烤肉的话肉质会变硬，在夏季

相对不好卖，所以最好以蒸涮肉提案来开展销售活动。棒棒鸡建议用鸡胸肉和鸡脯肉制作。芝麻调料要作为关联商品进行销售。

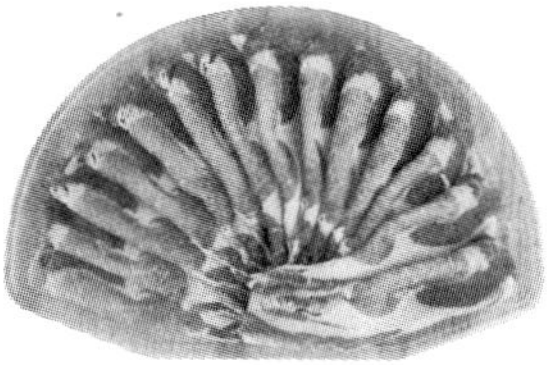

日本产猪里脊肉　凉涮肉用 380 日元

促销商品

商品名称	重量	价格	100g 单价
黑毛和牛后腿肉　烤涮肉用	100g	380 日元	380 日元
黑毛和牛肩胛肉　烤涮肉用	80g	380 日元	475 日元
日本产猪里脊肉　凉涮肉用	200g	380 日元	190 日元
日本产猪里脊肩胛脊肉　凉涮肉沙拉用	220g	380 日元	173 日元
日本产猪里脊五花　蒸涮肉用	240g	380 日元	158 日元
日本产猪里脊后腿肉　凉涮肉挂面沙拉用	320g	380 日元	119 日元
日本产鸡胸肉　棒棒鸡用	300g	380 日元	127 日元

7月　销售主题和重点推出的商品

1　时间短！简单方便！微波涮肉

促销时间——上旬至中旬

食用场景——晚餐

目标消费者——家庭

关联促销——凉涮肉作料、蒸涮肉作料、芝麻色拉调料

在炎热的夏天，提案烹调时间短的菜单比较有效。通过使用微波炉制作的“微波涮肉”来扩大凉涮肉用薄肉片的销售量。向消费者进行用硅胶蒸笼、塔吉锅等进行烹饪的简便菜单的提案。

以消除疲劳为主题，主要对脂肪含量较多的五花肉，凉涮肉必备的猪肩肉及切成 1.5 ~ 2 毫米薄片的里脊肉等商品进行促销。牛肉中比较容易卖不出去的前胸肉部分，可以切成薄片进行促销。

为了明确区分商品类别，即使使用标准托盘，也要选用绿色、淡蓝色等让人感到清凉的色调，或选用半月形、圆形等不同形状的托盘。此外，推出“含有蔬菜（豆芽、卷心菜）的微波涮肉组合”商品，以吸引顾客注意力，也能达到丰富柜台的目的。

日本产猪里脊肉　凉涮肉用

促销商品

商品名称	重量	价格	100g 单价
日本产猪里脊肉　凉涮肉用	220g	480 日元	218 日元
日本产猪肩肉　凉涮肉用	240g	480 日元	200 日元
日本产猪五花肉　凉涮肉用	250g	480 日元	192 日元
日本产猪后腿肉　凉涮肉用	300g	480 日元	160 日元
加拿大产猪里脊肉　凉涮肉用	400g	480 日元	120 日元
加拿大产猪肩肉　凉涮肉用	450g	480 日元	107 日元
加拿大产猪五花肉　凉涮肉用	400g	480 日元	120 日元

2　活力 BBQ

促销时间——“海之日”以后

食用场景——野餐

目标消费者——家庭、学生群体

关联促销——烤肉作料、纸盘、纸杯、Mate 茶

7 月份野外用餐的需求会增加。近年来，“BBQ 资格审定”等受到了很高的关注，所以引入户外烧烤用的商品有利于提高销售额。包括火腿肠在内的各类畜种（从日本产牛肉到进口的牛肉、猪肉、鸡肉、羊肉）的肉类商品，都要陈列在 BBQ 专柜，同时还要销售无托盘商品。

由于 BBQ 是大家共享的用餐形式，所以要重点推出肉块或厚切片肉排等商品。户外用烤肉套餐也要备好货，以方便顾客选购。

为了方便顾客能一次购齐所需商品，要备好相关的作料、盐胡椒等商品，使用平板货架进行销售的店铺，要将木炭、纸盘、一次性筷子等商品放一起陈列。

日本产鸡带骨腿肉　BBQ用 380 日元

促销商品

商品名称	重量	价格	100g 单价
日本产牛里脊肉　烤肉用	80g	580 日元	725 日元
日本产牛腩　烤肉用	120g	580 日元	483 日元
美国产牛腩　烤肉用	250g	580 日元	232 日元
美国产牛前胸肉　铁板烧用	200g	580 日元	290 日元
美国产牛肩胛里脊厚片　BBQ 牛排用	200g	580 日元	290 日元
日本产猪肩肉厚片　BBQ 用	300g	580 日元	193 日元
美国产猪肋排骨　BBQ 牛排用	450g	580 日元	128 日元
日本产鸡腿肉　烤肉用	400g	580 日元	145 日元
美国产牛舌　烤肉用	120g	580 日元	483 日元
日本产牛内脏肉　烤肉用	200g	580 日元	290 日元
日本产鸡带骨腿肉　BBQ 用	1 根	380 日元	

3　暑假简单午餐菜单

促销时间——下旬（暑假开始的时候）

食用场景——午餐、便当

目标消费者——家里有学生的主妇、家庭、单人家庭

到了下旬（20 日左右），中小学生、高中生就进入了暑假，家庭主妇要开始准备孩子的午餐了。所以要提案方便菜单，推出“调味商品、半成品”等商品。猪肉类食材，提案用五花肉制作盐麹烧、葱盐烤五花肉、炸肉排等料理，鸡肉类食材则提案制作香烤鸡肉、印度烤鸡等菜肴，如此每天向消费者提供几种方案，还能让消费者产生为晚餐增加一道菜的想法。

加工鸡肉商品的时候以鸡腿肉、鸡胸肉、鸡翅中、切开的鸡翅根为材料。尤其是罗勒油味道的是主打商品。鸡腿肉、鸡胸肉要切成 30 毫米的方块或斜切成薄片做烤肉用。为了让鸡胸肉变得柔软且方便食用，要沿着肉纤维垂直切。印度烤鸡要使用脂肪含量较多的部位来制作。价格定在280日元左右为宜。

日本产猪五花肉 盐麹烧用

促销商品

商品名称	重量	价格	100g单价
日本产猪五花肉 盐麹烧用	200g	280日元	117日元
美国产猪里脊肉 大酱烧用	180g	280日元	156日元
美国产猪肩肉 生姜烤肉用	200g	280日元	140日元
日本产鸡腿肉 丁香罗勒油烧用	240g	280日元	117日元
日本产鸡胸肉 印度烤鸡用	300g	280日元	93日元

4　肉禽的“迷你韩国镇”

促销时间——中旬

食用场景——晚餐

目标消费者——20~40多岁的家庭

关联促销——韩式炒粉丝、韩国煎饼、韩式调料、咸味调料汁、泡菜、韩式拌菜、莴苣叶、苦椒酱、肉酱

提案韩国烤肉以满足消费者不断变化的烤肉需求。加工韩式烤三层肉时，将五花肉切成1块稍厚（8毫米）的肉片。不用切开，以整块肉来装盘，1个托盘里装入3块五花肉片，以大约160克的固定重量销售。

牛肉的话，提案经典的“韩式”菜单。商品加工以牛腩为主，再加上肩胛里脊肉、后腿肉、肩胛肉等的边角肉。鸡肉菜肴的话，提案“韩式炒鸡排”，将鸡腿肉切块加工。除此之外，还要备好带骨肉单品，要将带骨牛腹肉、猪肉排骨、猪肋排骨切开，以与一般烤肉区别开。

韩式烤三层肉和韩式烤鸡排的食材，可以将早上加工过的商品进行二次调味加工，在傍晚作为方便商品出售。

日本产猪五花肉 韩式烤三层肉用

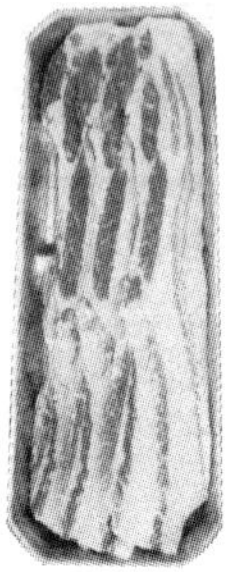

促销商品

商品名称	重量	价格	100g 单价
美国产牛腩边角肉 韩式盖浇饭用	240g	580 日元	242 日元
日本产牛肩边角肉 韩式烤肉用	200g	580 日元	290 日元
日本产猪五花肉 韩式烤三层肉用	100g	168 日元	168 日元
日本产鸡腿肉 韩式烤鸡排用	100g	128 日元	128 日元

8月 销售主题和重点推出的商品

1 烤鸡肉串

促销时间——8月10日（星期六、烤鸡肉串之日）、周末

食用场景——晚餐、户外烧烤

目标消费者——家庭

关联促销——岩盐、盐胡椒、烤鸡肉串作料、芥末、柚子胡椒

在“烤鸡肉串之日”（8月10日）以散装形式销售调味烤鸡肉串，以提升销售额。另外，要推出肉禽柜台特有的生鸡肉串，尤其要采购整只的地鸡、科钦鸡等产品，加工成烤鸡肉串出售，以活跃柜台气氛。

推出品牌鸡肉，不以价格来吸引顾客，而是宣传其附加价值。此外，还要采购鸡脯肉、鸡胸软骨、尾骨肉等，作为稀少部位的商品向消费者进行促销。同时加工“有扦”商品和“无扦”商品，还可以出售组合商品。

在组合商品中添加烤鸡肉串调料的话，可以增加实惠感。关于地鸡等高级产品，托盘一定要考究，不能给消费者廉价的感觉，应该定位为高档料理来进行加工。

地鸡烤鸡肉串 3 种组合
500 日元

促销商品

商品名称	重量	价格	100g 单价
日本产地鸡鸡腿肉串	35g	100 日元	286 日元
日本产地鸡鸡胸肉串	40g	100 日元	250 日元
日本产地鸡鸡腿肉大葱串	30g	100 日元	333 日元
日本产地鸡鸡胸肉大葱串	40g	100 日元	250 日元
日本产地鸡鸡皮串	45g	100 日元	222 日元
日本产地鸡鸡肉丸串	40g	100 日元	250 日元
日本产地鸡鸡心串	45g	100 日元	222 日元
日本产地鸡鸡胗串	40g	100 日元	250 日元
日本产地鸡鸡肝串	40g	100 日元	250 日元
日本产地鸡鸡尾骨肉串	40g	100 日元	250 日元
日本产地鸡烤鸡肉串 3 种组合	200g	500 日元	250 日元

2　招待客人的烤肉

促销时间——盂兰盆商战

食用场景——晚餐、户外烧烤

目标消费者——家庭

关联促销——烤肉作料、芥末、岩盐

盂兰盆商战期间，要强化烤肉的促销，尤其要以高级部位的肉为主，备好比平时等级更高的商品。节日期间由于大批民众回乡探亲，大容量包装的商品会非常畅销。为了确保利润，要有效地利用和牛套餐。在商品加工过程中，要仔细地将肉切成小块以提升附加价值。稀少部位商品的包装，关键是要用带透明盖子的托盘来盛放。

和牛的牛排以所需的最少量来加工，把肋骨肉排切成小块可用于烤肉，肋眼肉、肋脊肉作为稀有部位的商品来销售。

肩胛里脊切成小块出售，下肩胛翼板肉、肩胛肋眼等稀少部位加工成烤肉食材。牛腩做成烤肉食材。肩小排、下后腰脊翼肉等商品在出售的时候，要标明部位名称。

稀少部位的板腱肉，可提案做成烤肉、牛排等料理。栗形肉、肩小排肉等加工成大包装的烤肉商品。

黑毛和牛上等牛腹肉　烤肉用
100g 980 日元

促销商品

商品名称	重量	价格	100g 单价
日本产黑毛和牛牛腩　烤肉用	250g	1480 日元	592 日元
日本产黑毛和牛肩肉　烤肉用	300g	1480 日元	493 日元
日本产黑毛和牛里脊肉　烤肉用	100g	980 日元	980 日元
日本产黑毛和牛肋眼卷肉　烤肉用	100g	980 日元	980 日元
日本产黑毛和牛板腱肉（肩胛）　烤肉用	160g	980 日元	613 日元
日本产黑毛和牛下肩胛翼板肉（肩胛里脊）　烤肉用	140g	980 日元	700 日元
日本产黑毛和牛肩胛肋眼　烤肉用	140g	980 日元	700 日元
日本产黑毛和牛肩小排　烤肉用	120g	980 日元	817 日元
日本产黑毛和牛臀肉（后腿）　烤肉用	200g	980 日元	490 日元
日本产黑毛和牛和尚头心（后腿）　烤肉用	200g	980 日元	490 日元
日本产黑毛和牛龟壳（后腿）　烤肉用	250g	980 日元	392 日元

3　夏季的牛肉蘸涮肉

促销时间——盂兰盆商战之后

食用场景——晚餐

目标消费者——家庭

关联促销——芝麻调料、橙醋、金芝麻、凉涮肉作料

在牛的半头组合当中，后腿系列的肉、前腿肉往往会在夏季成为卖不掉的部分，所以可以将这些肉切成涮肉用的薄片，向消费者做“牛肉蘸涮肉”的提案。蘸料的话，建议用芝麻调料，或加入橙醋、金芝麻的芝麻橙醋。

后腿肉在加工时，要将外侧后腿眼肉和外侧后腿肉分隔开。将外侧后腿肉的横截面切割成一口的大小，然后以边角肉的样式切成薄片。后腿肉瘦肉部分较多，加工的时候要注意稍微留点脂肪，这样会比较美观。大腿肉也切成一口的大小，顺着肉纤维的方向切成3份，以边角肉的样式加工成涮肉商品。

前腿肉的加工要将板腱肉分隔开，将栗形肉加工成涮肉商品。板腱肉作为稀少部位加工成牛排、烤肉类商品，以保证利润。

杂交牛后腿肉　蘸涮肉用
160g 580日元

促销商品

商品名称	重量	价格	100g单价
日本产杂交牛后腿肉　蘸涮肉用	160g	580日元	363日元
日本产杂交牛大腿肉　蘸涮肉用	160g	580日元	363日元
日本产杂交牛肩肉　蘸涮肉用	140g	580日元	414日元

4　夏季美味炖咖喱

促销时间——盂兰盆商战之后、秋季应季食品的广告期间

食用场景——晚餐、野餐

目标消费者——所有家庭

关联促销——咖喱粉

盂兰盆商战结束后慢慢地就要开始做秋季食品的销售、推出秋季菜单提案了。所以，要用咖喱来做火锅用商品的促销。

夏季市场销售剩余的牛腱子肉、牛筋可作为咖喱食材进行销售。在家里可以用压力锅制作咖喱，野餐的时候一般用荷兰烤肉锅制作咖喱，这两种锅都能很容易将腱子肉炖烂。

在加工食品的过程中，腱子肉不仅可以切成丁，也可以切成大块来满足野外烹调的需求。装盘时，如果用标准托盘会给人是边角肉的错觉，从而降低其价值，要使用外观漂亮的托盘以激发消费者的购买欲。另外，因为多是作为咖喱食材进行销售的，所以重量设定为咖喱菜谱的300～500克为宜。

日本产牛腱子肉 100g 198 日元

促销商品

商品名称	重量	价格	100g 单价
日本产小牛腿肉、肩肉　肉丝	250g	580 日元	232 日元
日本产小牛腱子肉　咖喱用	100g	198 日元	198 日元
日本产猪肩肉丁　猪肉咖喱用	300g	380 日元	127 日元
日本产小鸡翅根　鸡肉咖喱用	600g	380 日元	63 日元
牛筋瓣膜串澳洲产	5 串	248 日元	
牛筋串澳洲产	5 串	248 日元	
火锅用生丸子	1 盒	298 日元	

9月　销售主题和重点推出的商品

1　尝一下黑毛和牛 & 黑猪吧

促销时间——周末

食用场景——晚餐、野餐

目标消费者——所有家庭

关联促销——涮锅作料、日式牛肉火锅作料、烤肉作料、牛排酱、芥末、岩盐

9月6日“黑之日”时做黑毛和牛肉和黑猪肉的促销。周末，牛排、烤肉类商品要备足，并可推荐消费者去野餐。由于工作日和周末畅销的商品不同，所以要有计划地对原料进行加工。

黑毛和牛肉要加工成套餐的形式。薄肉片（边角肉）和烤肉（牛排）的套餐中，可以使用较为便宜的前腿肉来加工。周末要将烤肉、牛排用的肋眼肉和下腹肉组合到一起，将外脊肉和肩胛里脊组合到一起进行加工。

黑猪肉在9月6日那天，将好销售的前腿、后腿边角肉以均一价出售。周末将里脊肉、猪肩肉、五花肉加工成烤肉、肉排的食材，并采用小包装以控制单价。

黑毛和牛后腿肉片

促销商品

商品名称	重量	价格	100g 单价
黑毛和牛里脊肉　半块牛排用	100g	960 日元	960 日元
黑毛和牛臀肉　牛排用	200g	960 日元	480 日元
黑毛和牛肩胛里脊肉　牛肉火锅用	130g	960 日元	738 日元
黑毛和牛下腹肉　涮锅用	200g	960 日元	480 日元
黑毛和牛牛腩　烤肉用	180g	960 日元	533 日元
黑毛和牛后腿臀肉　烤肉用	200g	960 日元	480 日元
黑猪五花肉　炸猪排用	200g	596 日元	298 日元
黑猪肩肉　烤肉用	220g	596 日元	271 日元
黑猪肩胛边角肉　炒肉用	350g	596 日元	170 日元
黑猪后腿肉片　火锅用	300g	596 日元	199 日元
黑猪五花肉片　日式煎饼用	250g	596 日元	238 日元

2　消除疲劳的猪肉展销

促销时间——工作日

食用场景——晚餐

目标消费者——家庭

关联促销——涮锅作料、生姜烤肉作料、烤肉作料、盐、胡椒

9月的前半月，可建议消费者从暑期游玩疲惫的状态中回归到日常的学校生活当中去。在这个时期，夏季的疲劳感自然而然地开始显现，所以要向消费者提案，以富含维他命B1的猪肉为主的“消除疲劳的菜单”。

里脊肉、猪肩肉可操作性强，可以加工成各种商品，从而有利于提高商品生产率。扩大凉涮肉、蒸涮肉食材的销售规模，对烤肉用的猪肩肉商品进行促销。同时备好烤肉排用的厚肉片，周末进行户外烧烤的提案。

肩肉、后腿的边角肉可作为生姜烤肉、盐麴等的食材，调味出售，推荐的菜单要能与竞争店拉开距离。五花肉建议做成烤三层肉，要用竖向托盘来装盘以吸引消费者眼球。还可以加工成便当的食材，卷蔬菜、蘑菇做成“蔬菜烤肉卷”来出售。

日本产黑猪五花肉　蔬菜烤肉卷用 480 日元

促销商品

商品名称	重量	价格	100g 单价
日本产猪里脊肉　蒸涮肉用	220g	480 日元	218 日元
日本产猪里脊肉　猪排用	220g	480 日元	218 日元
日本产猪梅花肉　大酱烧用	240g	480 日元	200 日元
日本产猪里肩胛脊肉　迷你烤肉排用	240g	480 日元	200 日元
日本产猪五花肉　烤三层肉用	250g	480 日元	192 日元
日本产猪肩胛边角肉　生姜烤肉用	480g	480 日元	100 日元
日本产猪绞肉　饺子用	350g	480 日元	137 日元
日本产黑猪肩胛边角肉　炒肉用	220g	480 日元	218 日元
日本产黑猪五花肉　蔬菜烤肉卷用	150g	480 日元	320 日元

3　天气还是很热！秋季的 BBQ 展销

促销时间——周末、长假

食用场景——野餐

目标消费者——家庭、群体

关联促销——烤肉作料、纸盘、纸杯、切块烤蔬菜

到了 9 月，就开始销售秋季热食菜单的关联商品了。但因为气温达 30℃以上的天气还在持续，所以要增加适合出游、户外的“野餐菜单”，烤肉、厚牛排等商品的销售，以提升销售额。

秋天应季的香菇等菌菇类食品，还有最适合做烤蔬菜的红薯类、芋头类食品都上市了，所以还要推出秋季相关蔬菜类商品，开展健康的“时尚 BBQ”的相关销售。

对于经典单品烤肉商品，要减少重量，以消费者容易接受的 580 日元的均一价出售，同时推出“自由挑选 2 盒 980 日元”的商品以提升销售额。要减少烤肉套餐商品种类，强化夏季畅销的、可操作性较强的商品。在包含“敬老日”在内的长假期间，进行用前腿、后腿的稀少部位做牛排、烤肉的提案。

澳洲产＆日本产猪烤肉套餐 300g 580 日元

促销商品

商品名称	重量	价格	100g 单价
黑毛和牛烤肉套餐	100g	980 日元	490 日元
澳洲产＆日本产猪　烤肉套餐用	200g	580 日元	193 日元
日本产牛腩　烤肉用	130g	580 日元	483 日元
美国产牛腩　烤肉用	200g	580 日元	232 日元
美国产牛前胸肉　铁板烧用	180g	580 日元	290 日元
美国产牛肩胛里脊　厚手排用	200g	580 日元	290 日元
日本产猪梅花肉　烤肉用	200g	580 日元	193 日元
日本产猪排骨　烤肉用	220g	580 日元	193 日元
日本产鸡腿肉　烤肉用	350g	580 日元	145 日元
澳洲产牛舌　烤肉用	300g	580 日元	483 日元
日本产牛内脏肉　烤肉用	250g	580 日元	290 日元

4　秋分时节用牛的边角肉做日式炖牛肉

促销时间——包含秋分的长假

食用场景——晚餐

目标消费者——家庭

关联促销——日式牛肉火锅作料

到了秋分时节，白天最高气温开始慢慢下降，要不断推出热食菜单。例如，提案做非常简单的“日式炖牛肉”，只要用边角肉加洋葱就可以了。第二天推出“牛肉盖饭”，或用蒸熟的土豆混入牛肉做成的“牛肉可乐饼”等，将不断变化的提案写入POP，并附上菜谱。

炖煮类菜单中，主要销售煮过并能保持好肉质的日本产牛肉和杂交牛肉，加工成边角肉来销售。后腿、肩胛部位的肉加工成1.5毫米的肉片，里脊肉、肩胛里脊因为含有适度的脂肪，可加工成稍厚的2毫米肉片。包装商品的单价，杂交牛肉不超过1280日元、日本产牛肉不超过780日元。以1人份、2～3人份、4～5人份3种SKU分别进行销售。进口牛肉的价位控制在580日元的价格带。托盘使用暖色调的橙色托盘或木纹托盘。

日本产牛腩边角肉　日式炖牛肉用

促销商品

商品名称	重量	价格	100g单价
杂交牛肩肉　日式炖牛肉用	220g	480日元	218日元
杂交牛后腿肉　日式炖牛肉用	220g	480日元	218日元
日本产牛里脊肉　日式炖牛肉用	240g	480日元	200日元
日本产牛肩胛里脊肉　日式炖牛肉用	240g	480日元	200日元
日本产牛肩胛肉　日式炖牛肉用	250g	480日元	192日元
日本产牛后腿肉　日式炖牛肉用	480g	480日元	100日元

10月　销售主题和重点推出的商品

1　这个月吃涮锅

促销时间——整个月

食用场景——晚餐

目标消费者——所有家庭

关联促销——涮锅作料、柚子胡椒

扩大“涮锅专柜”的规模进行促销。特别是可操作性较强的“猪里脊肉、肩肉”要做成主打商品，以确保销售额。

同样是猪里脊肉，“黑猪肉、白猪肉、进口的冷鲜猪肉”的口感都有差异，所以备货要全。工作日的时候，将“冷鲜肉”放在货架最底层出售，并加大销售量。包装商品单价价格带定为消费者普遍能接受的380日元，小包装商品的价格带则为280日元，加工成“边角肉”类的商品，以廉价出售。周末将能够保障销售额的“日本产猪肉”放在货架下层销售。包装商品单价分480日元、780日元两个价格带，用木纹圆盘、木纹托盘等摆成鲜花盛开的造型，或以薄肉片形式销售，营造出高级感和实惠感。

将黑猪肉固定摆放在最上层，用圆盘装盘。在“黑猪肉专柜”销售时，托盘花纹要与其他商品相称。

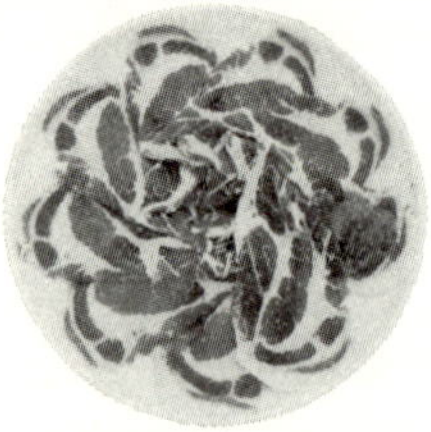

日本产猪肩肉　涮肉用
480 日元

促销商品

商品名称	重量	价格	100g 单价
日本产猪里脊肉　涮锅用	220g	480 日元	218 日元
日本产猪肩肉　涮锅用	240g	480 日元	200 日元
日本产猪五花肉　涮锅用	280g	480 日元	171 日元
日本产猪里脊肉　涮锅用	400g	780 日元	195 日元
日本产猪肩肉　涮锅用	420g	780 日元	186 日元
日本产猪五花肉　涮锅用	480g	780 日元	163 日元
加拿大产猪里脊肉　涮锅用	300g	380 日元	127 日元
加拿大产猪肩肉　涮锅用	320g	380 日元	119 日元
加拿大产猪五花肉　涮锅用	320g	380 日元	119 日元

2　秋季猪里脊肉展销

促销时间——上旬

食用场景——晚餐

目标消费者——2 ~ 3 人家庭

关联促销——涮锅作料、盐胡椒

10 月的前半月，开展以“帮你在运动会上取胜的炸猪排（日文中‘炸猪排’的发音与‘胜利’相同）”等为主题的活动，来推动炸猪排的促销。同时，扩大以“猪里脊肉”为原料的商品销售，以确保销售额。

“帮你在运动会上取胜！里脊肉排”：将猪里脊肉切成 10 毫米厚的肉片出售。

“B 级美食！照烧猪排”：主要在周末推出，切成 15 ~ 20 毫米的厚片出售。

“晚餐的最佳菜肴！里脊 × × 烧”：切成 15 毫米厚，调味后出售。

“便当的最佳搭配！里脊生姜烤肉”：在POP上介绍这不仅是晚餐的佳肴，还适合做便当。加工成3毫米厚的肉片，也可以调味后出售。

“里脊涮肉搭配芝麻酱”：搭配芝麻酱的涮肉要切成1～1.5毫米的薄肉片出售。进口猪肉以边角肉形式批量销售，日本产猪肉使用圆盘、半月托盘，摆放成花盛开的造型销售。

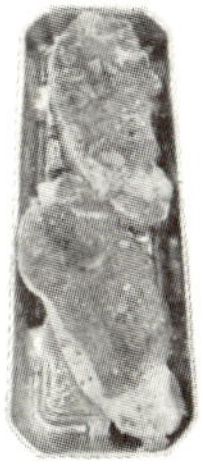

日本产猪里脊肉　蒜香起司烧480日元

促销商品

商品名称	重量	价格	100g单价
日本产猪里脊肉　烤肉排用	220g	480日元	218日元
日本产猪里脊肉　猪排盖饭用	220g	480日元	218日元
日本产猪里脊肉　蒜香起司烧用	220g	480日元	218日元
日本产猪里脊肉　涮锅用	220g	480日元	218日元
美国产猪里脊肉　烤肉排用	300g	380日元	127日元
美国产猪里脊肉　猪排盖饭用	300g	380日元	127日元
美国产猪里脊肉　生姜烤肉用	300g	380日元	127日元
美国产猪里脊肉　涮锅用	300g	380日元	127日元

3　日式关东煮中的肉

促销时间——体育日之后的中旬至下旬

食用场景——晚餐

目标消费者——所有家庭、有子女的家庭

关联促销——日式关东煮底料、黄芥末

体育日一过，外界的气温就慢慢下降了。要扩大“关东煮”等炖菜中所用的“带骨猪肉”的销售。

在日本，主要是销售带骨猪肉中的“排骨”，但“肋排”也很受欢迎，要同时销售。虽然是 BBQ 和烤肉的食材，但炖煮后很容易将肉取下，易于食用。在肉禽商品中，“牛筋串、包菜卷、香肠、培根肉块”是“日式关东煮”中的主流，但在部分地区，也将“翅尖、翅根”做成关东煮。

加工商品的时候，要将骨头一根一根地分开，一个托盘装若干根。BBQ 食材中有不切成块销售的，但在“关东煮”食材中要将其分开。要配合食材的用途加工商品。关联商品中销售“关东煮料包”。

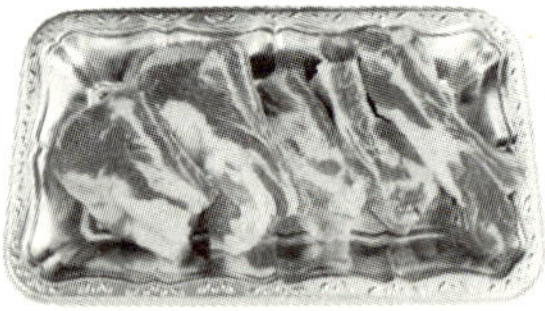

日本产猪排骨 100g 148 日元

促销商品

商品名称	重量	价格	100g 单价
日本产小牛前腹肉　炖菜用	100g	298 日元	298 日元
日本产小牛腱子肉　关东煮用	100g	198 日元	198 日元
日本产小牛牛筋　关东煮用	100g	168 日元	168 日元
日本产猪排骨　炖菜用	100g	148 日元	148 日元
美国产猪肋排	100g	128 日元	128 日元
牛筋瓣膜串澳洲产	1 串	50 日元	
牛筋串澳洲产	1 串	50 日元	

4　万圣节前夜的生羊羔肉展销

促销时间——国庆节 1 ~ 7 日、万圣节前夜 31 日

食用场景——晚餐

目标消费者——家庭、中国人

关联促销——盐胡椒、火锅汤底、牛排酱、含有药草的盐

国外节日当中经常用到羊肉，要在万圣节前夜进行促销。

为了让时令食材能够畅销，以用羊羔肉做的“涮锅”为主，同时提案做“烤羊羔肉”、简单的“羊肉咖喱”等。在10月1～7日中国的国庆节等重大节日里，人们习惯吃“涮锅”或“火锅”，所以要为促销做好准备。

以羊羔肩肉为主，同时销售“肩胛里脊、羊排”等商品。“羊羔排”要为2个月以后的圣诞节商战做好准备，“羊羔涮肉”则使用“冷冻羊羔卷”，以免错失商机。由于人们不怎么在家庭里食用“羊羔肉涮锅”，所以“羊羔肉涮锅调料”等关联商品要配套出售。

澳洲产羊羔肩肉边角肉 &
火锅汤底

促销商品

商品名称	重量	价格	100g 单价
澳洲产羊羔肩胛里脊　迷你羊排用	100g	480 日元	320 日元
澳洲产羊羔带骨里脊　烤羊排用	100g	480 日元	400 日元
澳洲产羊羔肩胛里脊　烤肉用	100g	480 日元	320 日元
澳洲产羊羔肩边角肉　羊肉火锅用	100g	480 日元	171 日元
澳洲产羊羔肩肉　涮锅用	100g	480 日元	171 日元
羊羔涮肉火锅汤底		480 日元	

11月　销售主题和重点推出的商品

1　涮肉旅行记

促销时间——上旬

食用场景——晚餐

目标消费者——家庭

关联促销——涮锅作料、日式牛肉火锅作料、火锅汤底让涮锅专柜热闹起来。

火锅：中国的涮锅。这种火锅一般正中央有隔板，一次可以享用两种口味的双色火锅，半边是用辣椒做的“四川风味火锅”，另半边是以猪肉汤或鸡汤为锅底的“白汤”，小孩子也可以食用。红色和白色形成鲜明的对比，看着就非常有食欲。

赏月日式牛肉涮锅：是在以酱油为底的甜辣日式牛肉火锅中放入涮锅用的肉片，蘸生鸡蛋食用的火锅。这种火锅现在在饭店里非常流行。

烤涮肉：像吃烤三层肉那样，用莴苣叶子裹着五花涮肉吃的一道菜肴。仿效夏季的人气商品烤三层肉，以扩大五花肉的销售。

澳洲产羊羔肩肉　涮锅用
380 日元

促销商品

商品名称	重量	价格	100g 单价
日本产杂交牛后腿肉　涮锅用	160g	580 日元	363 日元
日本产杂交牛肩肉　日式牛肉涮锅用	140g	580 日元	414 日元
日本产猪里脊肉　凉涮肉用	220g	480 日元	218 日元
日本产猪肩肉　火锅用	240g	480 日元	200 日元
日本产猪五花肉　烤涮肉用	280g	480 日元	171 日元
美国产猪里脊肉　涮锅用	300g	380 日元	127 日元
美国产猪肩肉　涮锅用	320g	380 日元	119 日元
澳洲产羊羔肩肉　涮锅用	200g	380 日元	190 日元

2　对了！吃火锅吧

促销时间——工作日

食用场景——晚餐

目标消费者——家庭

关联促销——泡菜、火锅汤料、橙醋、萝卜泥

“泡菜锅”与涮锅一样都是确保冬季销售额的商品，也是火锅专柜销售额的基石。正宗的韩国“汤锅”因为里面放有泡菜，所以其汤汁带着点酸味，与市场上出售的泡菜汤锅不一样。这种美味是韩式汤锅的奥妙之所在，因此，要在涮锅专柜销售关联商品——泡菜。另外，加入韩式辣年糕的话，就更有地道的“泡菜汤锅”的味道了，所以也要一并销售。

在店内制作的“火锅用生丸子”多是用鸡胸肉加工的，但五花肉更适合泡菜锅，所以要制作以猪肉为主的丸子，以与其他竞争店拉开距离。由于商品的新鲜度是关键，所以每天只加工当天能售完的商品量。要在火锅组合中加入“猪五花肉 & 鱼

猪肉和含有软骨的鱼圆火锅组合 780 日元

促销商品

商品名称	重量	价格	100g 单价
地鸡腿肉块　火锅用	120g	380 日元	317 日元
品牌鸡腿肉块　火锅用	300g	380 日元	127 日元
日本产小鸡腿肉块　鸡肉汆锅用	350g	380 日元	109 日元
日本产猪里脊肉　火锅用	200g	380 日元	190 日元
日本产猪五花肉　泡菜锅用	220g	380 日元	173 日元
日本产猪五花肉鱼圆　火锅套餐	450g	780 日元	173 日元
日本产小鸡鱼圆（含软骨）	300g	380 日元	127 日元

圆组合”之类的商品，含量设定为 2～3 人份的量。

3　博诺莱新酒上市，伊比利亚猪晚餐

促销时间——博诺莱新酒上市日

食用场景——晚餐

目标消费者——单身人群、2 人家庭

关联促销——牛排酱、烤肉作料、橙醋

提案与红酒相配的用伊比利亚猪肉做成的简单的猪排。选择“cebo（只用谷物饲料喂养的伊比利亚猪）”级别的伊比利亚猪肉进行销售，以降低商品价格。

由于伊比利亚猪肉是以冷冻的形式流通的，所以要事先在冷藏间进行解冻，并有计划地进行加工。为了满足消费者，要不过薄，也不过厚地将猪肉切成口感极佳的 13 毫米厚的肉块。如果切成 15 毫米以上，猪颈子部分的肉就会变硬。

伊比利亚猪肩肉也可以加工成烤肉和涮锅的食材。我们要通过 POP 等进行宣传，伊比利亚猪肉的脂肪多为不饱和脂肪酸，

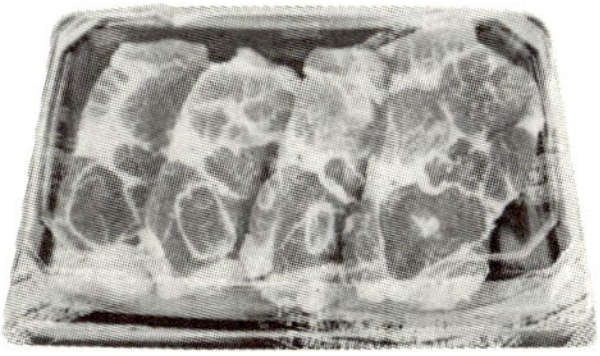

伊比利亚猪肉 猪排用 780 日元

促销商品

商品名称	重量	价格	100g 单价
西班牙产伊比利亚猪肩肉　猪排用	150g	398 日元	265 日元
西班牙产伊比利亚猪肩肉　猪排用	300g	780 日元	260 日元
西班牙产伊比利亚猪肩肉　烤肉用	150g	398 日元	265 日元
西班牙产伊比利亚猪肩肉　涮锅用	150g	398 日元	265 日元
西班牙产伊比利亚猪五花肉　涮锅用	200g	398 日元	199 日元

不容易被人体吸收。要选用黑色、红色等能够吸引消费者眼球的托盘进行装盘。

4　吃和牛肉，过小资生活

促销时间——25 日以后

食用场景——晚餐

目标消费者——所有家庭

关联促销——日式牛肉火锅作料、牛排酱、涮锅作料

11 月的最后一周，是 12 月份年末商战的商品开始崭露头角的时期。托盘用年底将要使用的托盘，主要推出牛排、日式牛肉火锅、涮锅为主的商品，为了以低价吸引消费者，以边角肉的形式展开销售。各部位的肉以下列的形式出售。

【牛排用】牛外脊、臀肉、肩肉（板腱肉）……加工时注意商品的厚度。厚牛排是很受欢迎的一道佳肴。

【日式牛肉火锅用】里脊肉、肩胛里脊、前胸肉、后腿肉……加入一些入口即化的高级部位的肉，还要准备一些不容易散架的高品质部位的商品。

【涮锅用】牛外脊、后腿肉……要选用在用筷子涮肉时不会散架的肉。

【边角肉】肩肉（肩三角一侧）、大腿肉……选择肉质较硬的部位，或瘦肉比例多的部位的肉。组合商品，可以采用肥瘦比例均衡的上腹肉。

黑毛和牛里脊肉　日式牛肉火锅用 1980 日元

促销商品

商品名称	重量	价格	100g 单价
黑毛和牛里脊肉　日式牛肉火锅用	280g	2980 日元	1064 日元
黑毛和牛肩胛里脊肉　日式牛肉火锅用	320g	2980 日元	931 日元
黑毛和牛肩胛边角肉　日式牛肉火锅用	460g	2980 日元	648 日元
黑毛和牛后腿肉　日式牛肉火锅用	460g	2980 日元	648 日元
黑毛和牛牛腩边角肉　日式牛肉火锅用	550g	2980 日元	542 日元
黑毛和牛里脊肉　日式牛肉火锅用	180g	1980 日元	1100 日元
黑毛和牛肩胛里脊肉　日式牛肉火锅用	200g	1980 日元	990 日元
黑毛和牛肩胛边角肉　日式牛肉火锅用	300g	1980 日元	660 日元
黑毛和牛后腿肉　日式牛肉火锅用	300g	1980 日元	660 日元
黑毛和牛牛腩边角肉　日式牛肉火锅用	350g	1980 日元	566 日元

12月　销售主题和重点推出的商品

1　不畅销的时候卖涮肉

促销时间——上旬

食用场景——晚餐

目标消费者——家庭

关联促销——涮锅作料、柚子胡椒

到了12月份花钱的地方很多，上旬至中旬这段时间人们会控制饮食消费的支出。上旬的主打商品是能够提升销售额的猪肉类商品。

“涮锅专柜”主要出售猪肉涮肉，牛肉涮肉的销售量大约为猪肉的四分之一，放在货架最上层出售。猪肉涮肉的单品主要是里脊肉、肩肉、五花肉，如果要扩大销售规模，可再加入后腿肉。另外，要备好“涮肉双色装”之类单价较高的包装商品。

加工商品时，要切成1 ~ 1.5毫米的薄肉片。定价方面，工作日单品价格带为380日元，双色装商品为580日元，周末单品价格带定为480日元，双色、三色装商品为780 ~ 980日元，这样可以有效地提高销售额。

黑猪五花肉 涮锅用 980 日元

促销商品

商品名称	重量	价格	100g 单价
日本产牛后腿肉　涮锅用	140g	380 日元	271 日元
日本产猪里脊肉　涮锅用	180g	380 日元	211 日元
日本产猪肩肉　涮锅用	200g	380 日元	190 日元
日本产猪五花肉　涮锅用	240g	380 日元	158 日元
日本产猪后腿瘦肉　涮锅用	320g	380 日元	119 日元
黑猪五花肉　涮锅用	250g	980 日元	392 日元
日本产小鸡胸肉　涮锅用	300g	380 日元	127 日元
加拿大产猪里脊肉　涮锅用	240g	380 日元	158 日元
加拿大产猪肩肉　涮锅用	260g	380 日元	146 日元
加拿大产猪五花肉　涮锅用	260g	380 日元	146 日元
日本产猪里脊肉、五花肉　涮锅套餐	480g	980 日元	204 日元

2　美味的圣诞派对

促销时间——18 日（星期三）~ 25 日（星期三）

食用场景——派对

目标消费者——40 岁以下的 2 人家庭、有孩子的家庭

关联促销——牛排酱

羊羔排用于香草烧，或用香料烤，羊羔肩胛里脊用于羊排或烤羊肉，肩胛肉片则用于炸羊排。要重点推出羊排和烤羊肉的组合及外围裹了面粉的炸羊排商品。向消费者提案做只需烤制的简单料理。同时，通过 POP 告诉顾客可以用香草、香辛料等来去除羊肉的膻味。

伊比利亚猪肉要以价格带来区分“cebo”和“bellota（用橡子喂养的伊比利亚猪）”等级。加工成肩胛里脊迷你肉排的话会比较畅销。鹅肝和小里脊牛排一起出售。杂交鸭肉不仅可以用于火锅，也可以通过烤制做成下酒菜。杂交鸭五香熏牛肉和杂交鸭烟熏鸭肉可以一起销售。将烤牛肉和烤猪肉片拼盘作为下酒菜也很受欢迎，有利于提高销售额。

西班牙产伊比利亚猪肉 迷你肉排 100g 298 日元

促销商品

商品名称	重量	价格	100g 单价
澳洲产羊羔带骨肋排　烤羊排用	100g	380 日元	380 日元
澳洲产羊羔肩胛肉片　炸羊排用	240g	380 日元	158 日元
澳洲产羊羔肩胛里脊　烤羊排用	100g	198 日元	198 日元
日本产杂交鸭肉片　烤肉用	100g	380 日元	380 日元
西班牙产伊比利亚猪肩胛里脊　迷你肉排用	100g	298 日元	298 日元
法国产鹅肝	80g	398 日元	498 日元
美国产牛小里脊　牛排用	100g	398 日元	398 日元
美国产牛牛外脊　牛排用	150g	380 日元	253 日元

3　越来越畅销！肉的节日

促销时间——25～27 日

食用场景——晚餐、年菜

目标消费者——所有家庭

关联促销——红烧肉作料、炖肉块作料、八角、大蒜、生姜、黄芥末

从圣诞商战结束后到年末商战开始前的 3 天，是一年中销售额最低的时期。从业人员往往会在这个时期休年内的最后一个假，虽然人手减少了，但还是要开展确保销售额的肉块的促销活动。到了年末，红烧肉、炖肉块食材的需求会增加，所以要开展肉块展销活动，以提升销售额。

销售金额较高的里脊肉、肩肉、五花肉要以日本产猪肉组合的形式出售。同时还要出售廉价的进口猪肉，以补充低价位商品。除红烧食材外，还要销售烤肉菜单上的排骨和肋排。带骨肉可以熬成高汤，是炖菜的重要原料。廉价的后腿肉、肩肉系列以边角肉等可操作性较强的方式加工出售，开展“100 克卖 100 日元”的甩卖活动，或打折活动以确保销售额。

澳洲产羊羔肩胛肉块
100g158 日元

促销商品

商品名称	重量	价格	100g 单价
日本产猪里脊肉块	100g	158 日元	158 日元
日本产猪肩肉块	100g	158 日元	158 日元
日本产猪五花肉块	100g	158 日元	158 日元
加拿大产猪肋排	100g	158 日元	158 日元
澳洲产羊羔肩胛肉块	100g	158 日元	158 日元
美国产猪里脊肉块	100g	98 日元	98 日元
美国产猪肩肉块	100g	98 日元	98 日元
美国产猪五花肉块	100g	98 日元	98 日元
日本产猪后腿边角肉	100g	100 日元	100 日元
日本产猪肩胛边角肉	100g	100 日元	100 日元

4　用和牛肉款待客人

促销时间——年末（29 ~ 31 日）

食用场景——晚餐

目标消费者——家庭、亲属

关联促销——日式牛肉火锅作料

年末商战时期的主打商品不是乳牛肉和普通猪肉，而是和牛肉和黑猪肉。黑毛和牛中的 A4、A3 等级（和牛的级别从高到低共分 5 个等级：A5、A4、A3、A2、A1）的牛肉，“日本短角牛”“红牛”等牛肉也都很吸引消费者。关于年末商战中用到的和牛肉，在交货前，要确认是否是组合，要选择脂肪含量等较稳定的商品。价格带在 1980 ~ 2980 日元之间的可作为薄利多销的商品，价格 5800 日元等的可作为高端商品，价格在 1 万日元的可作为吸引顾客眼球的商品来备货。关于商品分量，要准备用于招待客人的1000克包装（4～5人份）、1500克包装（7～8人份）的超大量商品。

薄肉片可作为节日的商品进行促销，高级部位的里脊、肩胛里脊肉要在30日、31日进行大力促销。瘦肉含量比例较高的肩胛肉、后腿肉不仅要与牛腩搭配着卖，还要以单品的形式出售。

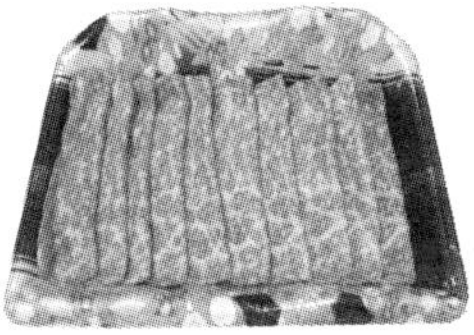

黑毛和牛后腿肉　日式牛肉火锅用 100g 680 日元

促销商品

商品名称	重量	价格	100g 单价
黑毛和牛里脊肉　日式牛肉火锅用	280g	2980 日元	1064 日元
黑毛和牛肩胛里脊肉　日式牛肉火锅用	320g	2980 日元	931 日元
黑毛和牛肩胛肉、牛腩　日式牛肉火锅用	460g	2980 日元	648 日元
黑毛和牛后腿肉　日式牛肉火锅用	460g	2980 日元	648 日元
黑毛和牛牛腩边角肉　日式牛肉火锅用	550g	2980 日元	542 日元
黑毛和牛里脊肉　日式牛肉火锅用	180g	1980 日元	1100 日元
黑毛和牛肩胛里脊肉　日式牛肉火锅用	200g	1980 日元	990 日元
黑毛和牛肩胛肉、牛腩　日式牛肉火锅用	300g	1980 日元	660 日元
黑毛和牛后腿肉　日式牛肉火锅用	300g	1980 日元	660 日元
黑毛和牛牛腩边角肉　日式牛肉火锅用	350g	1980 日元	566 日元
黑毛和牛肩胛里脊、肩胛肉　日式牛肉火锅套餐	400g	2980 日元	745 日元
黑毛和牛肩胛里脊、肩胛肉、后腿肉　日式牛肉火锅套餐	550g	3980 日元	723 日元

第9章

“家计”收支情况和每月数据总计

牛肉

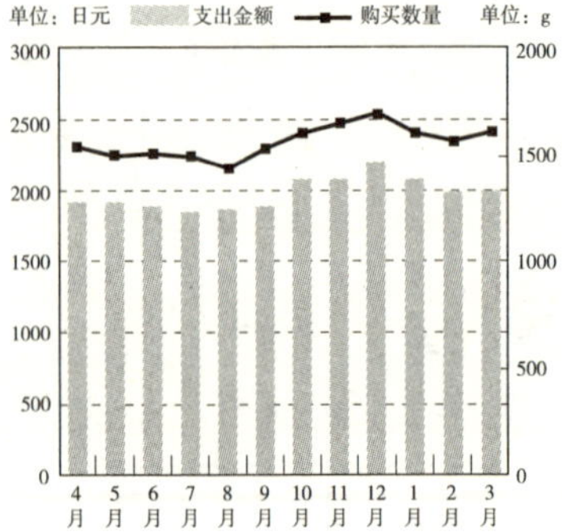

	4月	5月	6月	7月	8月	9月	10月	11月	12月	1月	2月	3月
支出金额	1932	1931	1895	1860	1888	1901	2046	2062	2225	2044	1989	1998
购买数量	1523	1501	1509	1495	1443	1538	1612	1659	1698	1612	1567	1613

猪肉

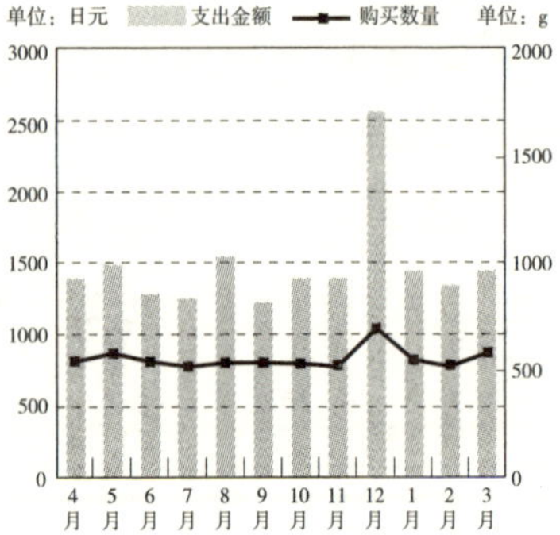

	4月	5月	6月	7月	8月	9月	10月	11月	12月	1月	2月	3月
支出金额	1417	1498	1394	1365	1558	1337	1413	1406	2517	1463	1373	1468
购买数量	546	591	543	520	542	544	541	540	719	557	529	593

混合肉馅

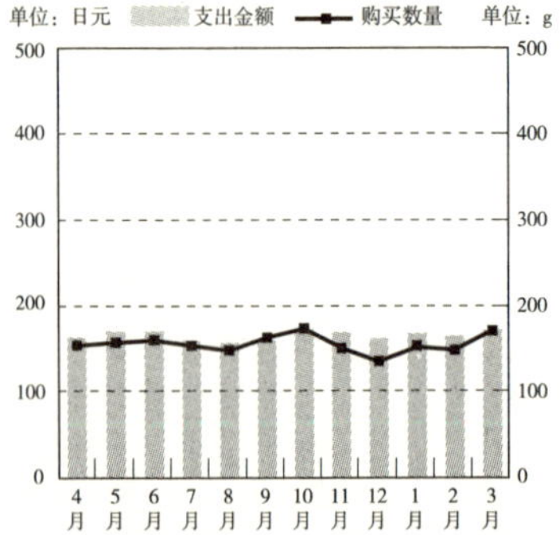

	4月	5月	6月	7月	8月	9月	10月	11月	12月	1月	2月	3月
支出金额	161	169	169	158	156	159	173	157	143	157	146	172
购买数量	154	157	159	153	147	163	173	150	133	153	148	170

鸡肉

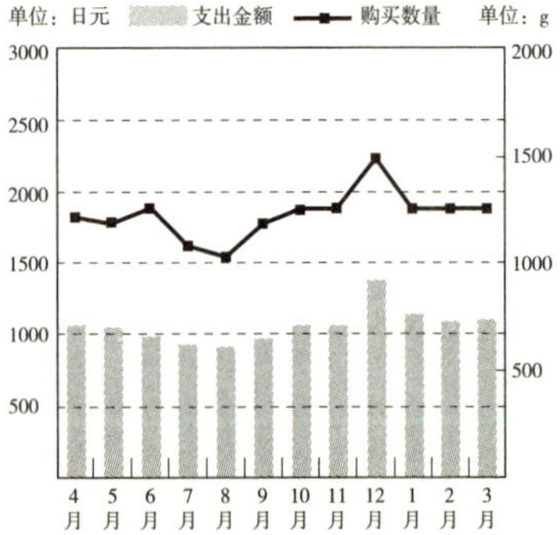

	4月	5月	6月	7月	8月	9月	10月	11月	12月	1月	2月	3月
支出金额	1067	1047	987	924	916	978	1061	1070	1388	1137	1092	1102
购买数量	1214	1186	1155	1084	1030	1181	1242	1260	1492	1251	1248	1271

火腿

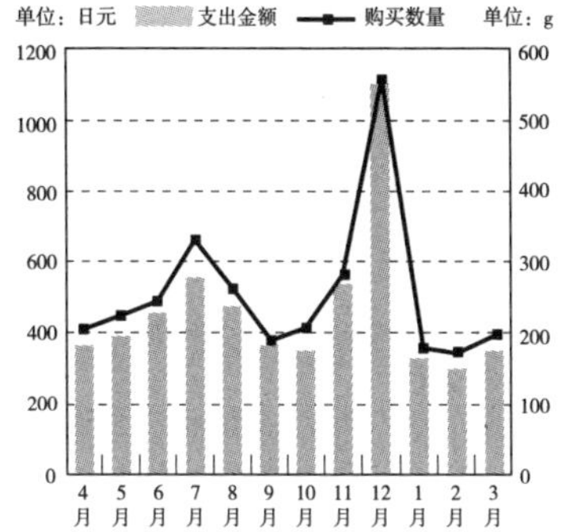

	4月	5月	6月	7月	8月	9月	10月	11月	12月	1月	2月	3月
支出金额	363	401	464	561	481	369	356	544	1093	332	306	356
购买数量	206	226	245	323	264	193	210	284	552	181	174	201

其他肉禽（内脏、杂交鸭及其他）

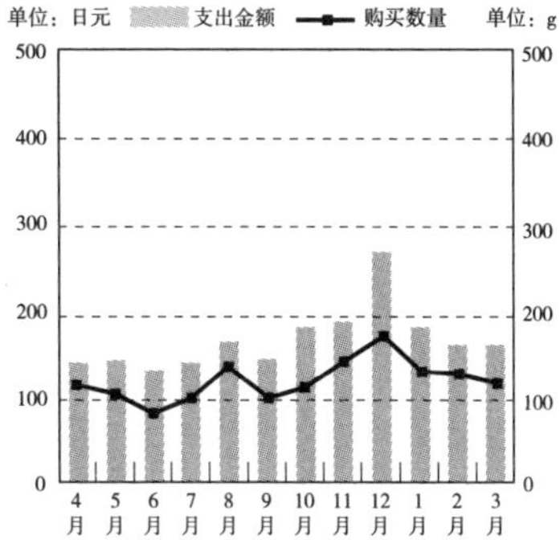

	4月	5月	6月	7月	8月	9月	10月	11月	12月	1月	2月	3月
支出金额	142	157	133	144	168	146	187	191	271	189	165	167
购买数量	118	103	85	101	140	102	117	145	172	134	132	120

培根

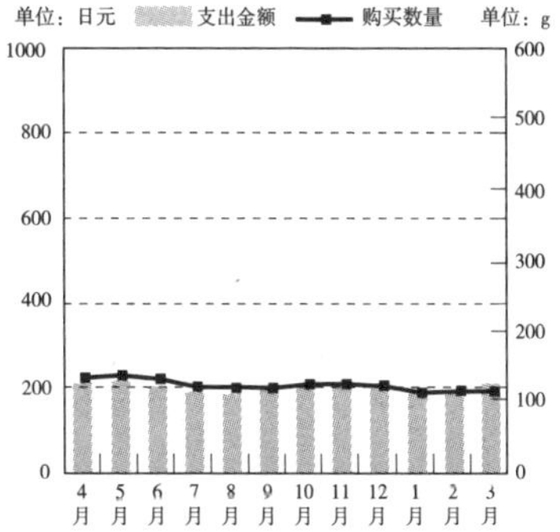

	4月	5月	6月	7月	8月	9月	10月	11月	12月	1月	2月	3月
支出金额	206	222	201	189	186	195	201	202	207	189	195	205
购买数量	130	137	129	120	118	117	124	125	124	113	115	118

香肠

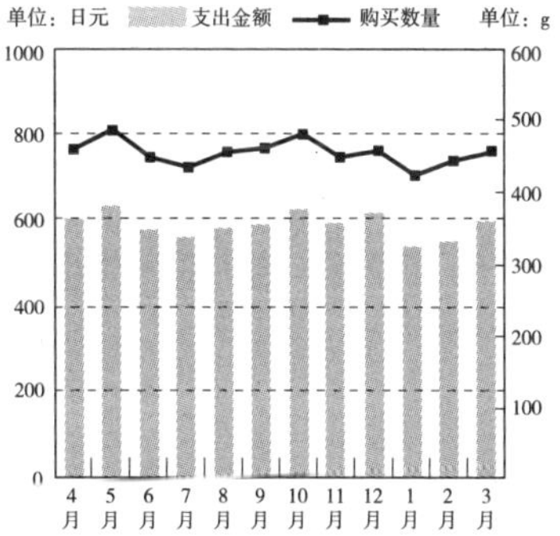

	4月	5月	6月	7月	8月	9月	10月	11月	12月	1月	2月	3月
支出金额	600	632	576	561	580	590	628	595	620	539	554	601
购买数量	463	486	453	439	447	465	479	452	460	421	438	463

第10章

销售额、利润，柜台和商品的“数据”

超市“数据”的基础

肉禽部门的商品会发生变化（价格、品质、新鲜度等），所以肉禽部门的数值必须在对商品进行评估的基础上进行解读。在最重要的利润的把握方面要以零售业的基本数值为基础，同时还要考量部门的特殊性，在此基础上对数值进行解读。

超市的数据分析

①售价（进货售价）

在进货时，就会对该商品能够售出的价格进行预估，通常叫作进货售价或必要销售额。另一方面，实际卖出的价格则叫作销售额。

必要销售额 = 售价（进货售价）× 进货数量

②成本价（进货原价）

指供货方交付的商品的价格，通常叫作进货原价。

③加价额、加价率

预计从售价（①）中减去成本价（②）后所剩余的部分叫作加价额。

加价额 = 售价（进货售价）– 成本价（进货原价）

将这个利润值除以售价（①）再乘以 100%，以百分比的形式表示出来的数值叫作加价率。

加价率 = 售价（进货售价）– 成本价（进货原价）/ 售价（进货售价）× 100%

④销售额

是指对实际通过收银台的商品，精确算后得出的最终金额，是体现销售活动成果的数值，也是对部门、店铺乃至整个企业进行评价的标准。

⑤原价（销售原价）

与销售额相关的原价，所表示的是，在盈亏清单中，将某时期的初始库存量加上期间的进货量，然后减去最终的库存量所得出的数值。

⑥毛利润额

是指从销售额④中减去原价（销售原价）⑤所得出的金额。在对商品的实地盘点中，作为部门、店铺的利润预估数值被使用。（盘点是指通过实际计算来确定某时期内的商品库存量）。

销售额 – 成本价（销售原价）= 毛利润额

盘点计算

销售额 –（初期库存量 + 期间进货量 – 最终库存量）= 毛利润额

⑦损失额

是指在销售商品时，原本必要的销售额与实际销售额之间的差额。

损失率是指损失额与销售额之间的比率。损失的内容包括贱卖金额、处理金额、废弃金额，以及由折扣、找零差错、商品破损导致的损失。必要库存量和实际库存量之间的差额也叫损失额。

<table>
<tr><td rowspan="3">①售价(进货售价)
=必要销售额</td><td rowspan="2">③加价额</td><td>⑦损失额</td><td></td></tr>
<tr><td>⑥毛利润额</td><td rowspan="2">④实际销售额</td></tr>
<tr><td>②成本价(进货原价)</td><td>⑤成本价(销售原价)</td></tr>
</table>

☆预估损失的设定

一般食品（非生鲜食品等）的最佳食用期限、保质期，从几天到几个月，甚至是几年，进货原价长时间内不会发生变化，预估损失较少。因此，一般食品的贱卖、处理损失较少，损失率多设定为 2%～3%。

而如前文所述的肉禽等生鲜食品，存在新鲜度下降的情况，一天之内就会出现由新鲜度下降引起的贱卖、废弃情况，所以很多商品在出售时会改变最初的加价额。

贱卖、废弃会使得最初的加价额下降数个百分点，所以在预估损失额度的时候，肉禽等生鲜食品要比一般食品高，且要在此基础上追加加价额。

◎一般食品

毛利润率（预算）18%+（预估损失）2%=20%（加价率）

◎肉禽部门

毛利润率（预算）28%+（预估损失）5%=33%（加价率）

肉禽的销售额和利润构成

新社员在进修中，会非常努力地去学习利润的计算方法，但利润构成的计算却非常简单，就是“成本价 + 利润 = 销售额”这样一个公式。

我们把最终获得的利润金额叫作“毛利润额（粗利润额）”，预计的利润金额叫作“加价额”。

关于最终获得的利润构成，可以用下面的公式表示：

“成本价 + 毛利润额 = 销售额”

肉禽的毛利润额一般设定为销售额的约 30%~35%（含包装材料费用）。

我们把这个数值叫作“毛利润率”，但不是说牛肉、猪肉、鸡肉所有商品的毛利润率都设定为 30% ~ 35%，而是指在牛肉、猪肉、鸡肉柜台整体的毛利润率能够确保的情况下，最终达成的目标值。

那么，接下来对如何控制毛利润才能保障柜台整体盈利进行说明。

每个畜种、商品的不同毛利润率

如前所述，“毛利润率”是销售额中毛利润额的比例，所以商品原价发生变化的话，毛利润率也会随之改变。

也就是说，利润率会随着市场行情发生变化，自己店里的情况如何，要以前一个月完整的数据为基础来把握（主任、经理等必定在报告书中计算出每个月肉禽部门的利润，并将报告书提交给采购或者店长）。

首先，我们从了解每个畜种商品的毛利润率开始。

①牛肉进货原价的 1 个月合计

②猪肉进货原价的 1 个月合计

③鸡肉进货原价的 1 个月合计

④其他商品（肉馅、加工肉等）进货原价的 1 个月合计

然后，从 POS 数据中抽出同时期的销售额数据。

⑤牛肉同时期的销售额

⑥猪肉同时期的销售额

⑦鸡肉同时期的销售额

⑧其他商品（肉馅、加工肉等）同时期的销售额

最后，算出各类商品的毛利润率。

⑨牛肉（⑤－①）÷⑤

⑩猪肉（⑥－②）÷⑥

⑪鸡肉（⑦－③）÷⑦

⑫其他商品（⑧－④）÷⑧

这⑨～⑫算出的答案就是毛利润率（%）。各店铺的数值会有所不同，但一般情况下⑨大概为 0.2（20%），⑩为 0.4（40%），⑪为 0.38（38%），⑫为 0.34（34%）。

了解销售额的构成比

我们来计算一下前面⑤～⑧的销售额构成比例。

⑬⑤ + ⑥ + ⑦ + ⑧ = 肉禽的整体销售额

⑭ 牛肉 ⑤ ÷ ⑬

⑮ 猪肉 ⑥ ÷ ⑬

⑯ 鸡肉 ⑦ ÷ ⑬

⑰ 其他商品 ⑧ ÷ ⑬

这个数字会因地区、店铺等不同而有较大差异，所以在此采用总务省的家计调查（图表①）中金额的基本构成比。

要算肉禽部门整体利润的话，可以用以下的公式计算。

⑱ [(⑨ × ⑭) + (⑩ × ⑮) + (⑪ × ⑯) + (⑫ × ⑰)] × 100%= (0.2 × 0.309+0.4 × 0.411+0.38 × 0.213+0.34 × 0.068) × 100%= (0.0618+0.1644+0.08094+0.02312) × 100=33.0%

将各类畜种商品的毛利润率 × 销售额构成比的结果全部加起来，得到的答案 33% 就是肉禽整体的毛利润率。

将这个毛利润率 × 销售额构成比得出的数字叫作“相乘积”，将所有“相乘积”相加起来得出毛利润率的方法叫作“综合毛利润”算法。

在这次计算的数值中，光牛肉的毛利润率为 20%，而肉禽整体的利润却为 33%。

综合毛利润算法通过算出各畜种商品的暂时毛利润，可以一目了然地看出各畜种商品的销售额构成比，所以最适合用于计算原价不稳定的肉禽商品的利润。

这个综合毛利润算法不仅适用于计算每个畜种商品的毛利润率，下次我们将肉禽整体的计算换成“分类商品（涮肉专柜等）”、各畜种的“单品（日本产猪里脊肉、涮锅用等）”，还可以算出各类商品的利润。

用综合毛利润算法调控出售商品的量（改变销售额的构成比例），所以最终利润也会随之改变。

不要勉强地对商品的原价进行打折处理，要考虑该如何做才能确保利润，这是非常重要的。

图表①总务省 2011 年的家计调查金额

	牛肉	猪肉	鸡肉	混合肉馅 其他肉禽	合计
金额(日元)	18597	24741	12802	4078	60218
构成比	⑭0.309	⑮0.411	⑯0.213	⑰0.068	1

不同畜种商品的综合加价率

肉禽商品虽然不像水产那样有季节性，但也不可能一整年都按相同的原价进货。

这是因为夏季气温上升，猪、鸡等的死亡率（事故概率）会上升，原材料头数就会减少。另外，便宜的进口猪肉、进口牛肉大量上市的话，也会影响日本产肉的价格，这种由行市引起的价位变动也很常见。

然而，肉禽在店内出售的时候，不是像蔬果、水产那样根据时令来定价，绝大多数店铺肉禽的价格是全年不变的。

因此，肉禽的进货价位高，利润就会随之减少，原价低，利润就会随之增加，利润是浮动的。

在原价不稳定的情况下如何能盈利？关于这一点要在店铺进行实际的利润计算过程中加深了解。

有时牛肉的行市下跌也不能拉动消费，从这个情况来看，有必要重新审视柜台的现状。首先，我们就目前为止的肉禽专柜的商品加价进行分析（图表②）。

加价会根据地区、店铺、进货、售价因素产生很大变化，所以最好根据各店铺的情况来进行分析。在图表②中，为了求得各畜种商品的加价率（项目第5列），在第3列和第4列中分别将可食用率原价和售价的平均值记录在内。

表中将各畜种商品的销售额构成比（牛肉 100%、猪肉 100%……）记录在第 6 列。用“加价率 × 该畜种销售额构成比”来计算每个畜种的综合加价率（第 7 列）。

肉禽整体按 100% 算，得出的销售额构成比乘以畜种的综合加价率，就能从整体的综合加价率中算出肉禽整体的加价。

在图表②中，日本产牛肉的加价率按 25% 计，畜种销售额构成比按 20% 来算，得出迄今为止的肉禽柜台的整体加价率能保证达到 34.1%。

接下来，我们来模拟一下日本产牛肉行情下跌，或日本产牛肉滞销导致单价下跌（打折等），牛肉的销售额构成比下降，再加上猪肉和鸡肉的行市上涨的情况（图表③）。

图中，■ 表示下降的部分，■ 表示上涨的部分。如果只看日本产牛肉的话，会觉得加价率达 33.3%，是上涨了，但由于畜种销售额构成比下降了，所以对利润的贡献度降低了。再加上猪肉和鸡肉行情上涨，预计商品交付时原价也随之上涨，可以看出整体的加价降低到了 24.38%。

图表②　目前为止肉禽柜台的综合加价率

		平均可食率原价	售价平均单价	加价率	畜种内部销售额构成比	畜种综合加价率	畜种销售额构成比	综合加价率
牛肉	日本产牛肉	3000	4000	25.0%	70.0%	17.5%	20.0%	3.50%
	进口牛肉	1200	2000	40.0%	30.0%	12.0%		2.40%
猪肉	日本产猪肉	1000	1500	33.3%	70.0%	23.3%	45.0%	10.50%
	进口猪肉	800	1200	33.3%	30.0%	10.0%		4.50%

续表

		平均可食率原价	售价平均单价	加价率	畜种内部销售额构成比	畜种综合加价率	畜种销售额构成比	综合加价率
鸡肉	日本产鸡肉	600	1000	40.0%	90.0%	36.0%	30.0%	10.80%
	进口鸡肉	700	1000	30.0%	10.0%	3.0%		0.90%
肉馅	肉馅	700	1000	30.0%	100.0%	30.0%	5.0%	1.50%
合计							100.0%	34.10%

图表③　模拟牛肉构成比下降情况

		平均可食率原价	售价平均单价	加价率	畜种内部销售额构成比	畜种综合加价率	畜种销售额构成比	综合加价率
牛肉	日本产牛肉	2000	3000	33.3%	70.0%	23.3%	10.0%	2.33%
	进口牛肉	1200	2000	40.0%	30.0%	12.0%		1.20%
猪肉	日本产猪肉	1200	1500	20.0%	70.0%	14.0%	50.0%	7.00%
	进口猪肉	800	1200	33.3%	30.0%	10.0%		5.00%
鸡肉	日本产鸡肉	800	1000	20.0%	90.0%	18.0%	35.0%	6.30%
	进口鸡肉	700	1000	30.0%	10.0%	3.0%		1.05%
肉馅	肉馅	700	1000	30.0%	100.0%	30.0%	5.0%	1.50%
合计							100.0%	24.38%

改善加价率的模拟

改善方法①　满足消费者的品牌需求

将行市上涨的日本产猪肉和日本产鸡肉的售价提高也是解决问题的一个方法，但单纯的提价会使消费者对商品的信赖感下降，所以通过“品牌化”“品牌变更”等方法，引入品牌猪肉、品牌鸡肉以改善盈利情况比较好（图表④）。

改善方法②　提高进口肉类的构成比例

提高进口肉类的构成比例也是一种方法。试着提高加价率相对较为稳定的进口肉类（牛肉、猪肉、鸡肉）商品的构成比例的话，与变更前的图表③相比，可以看出大约有 1.5% 的加价率的涨幅（图表⑤）。但从销售柜台的角度来说，进口肉类商品的增加，在很大程度上会改变消费者对该柜台的印象，这一点要考虑到。

另外，有必要对进口肉类的备货进行探讨。就进口牛肉而言，肩胛里脊肉、肩胛肉、后腿肉等，从价格角度来看较容易备货。进口猪肉的话，引入传统的里脊肉、肩胛肉、五花肉、肩胛肉等。进口鸡肉方面，多为现在超市越来越常见的巴西产鸡腿肉（解冻），以及夏季必备的美国产带骨鸡腿肉等。还有炭火烤鸡肉串等也都是人气商品。

改善方法③　增加畜种

图表⑥是模拟除了牛肉、猪肉、鸡肉以外，引入会占销售额 10% 的羊肉的情况。柜台的规模并没有产生变化，只是假设将猪肉构成比中的 10% 换成羊肉。通过这一项的引入，与图表③相比，加价率就上升了 1%。

图表④　模拟日本产猪肉和鸡肉售价上涨的情况

		平均可食率原价	售价平均单价	加价率	畜种内部销售额构成比	畜种综合加价率	畜种销售额构成比	综合加价率
牛肉	日本产牛肉	2000	3000	33.3%	70.0%	23.3%	10.0%	2.33%
	进口牛肉	1200	2000	40.0%	30.0%	12.0%		1.20%
猪肉	日本产猪肉	1200	1800	33.3%	70.0%	23.3%	50.0%	11.67%
	进口猪肉	800	1200	33.3%	30.0%	10.0%		5.00%

续表

		平均可食率原价	售价平均单价	加价率	畜种内部销售额构成比	畜种综合加价率	畜种销售额构成比	综合加价率
鸡肉	日本产鸡肉	800	1200	33.3%	90.0%	30.0%	35.0%	10.50%
	进口鸡肉	700	1000	30.0%	10.0%	3.0%		1.05%
肉馅	肉馅	700	1000	30.0%	100.0%	30.0%	5.0%	1.50%
合计							100.0%	33.25%

图表⑤　模拟进口肉类的构成比上升的情况

		平均可食率原价	售价平均单价	加价率	畜种内部销售额构成比	畜种综合加价率	畜种销售额构成比	综合加价率
牛肉	日本产牛肉	2000	3000	33.3%	50.0%	16.7%	10.0%	1.67%
	进口牛肉	1200	2000	40.0%	50.0%	20.0%		2.00%
猪肉	日本产猪肉	1200	1500	20.0%	60.0%	12.0%	50.0%	6.00%
	进口猪肉	800	1200	33.3%	40.0%	13.3%		6.67%
鸡肉	日本产鸡肉	800	1000	20.0%	70.0%	14.0%	35.0%	4.90%
	进口鸡肉	700	1000	30.0%	30.0%	9.0%		3.15%
肉馅	肉馅	700	1000	30.0%	100.0%	30.0%	5.0%	1.50%
合计							100.0%	25.88%

图表⑥　模拟将猪肉构成比的10%换成羊肉的情况

		平均可食率原价	售价平均单价	加价率	畜种内部销售额构成比	畜种综合加价率	畜种销售额构成比	综合加价率
牛肉	日本产牛肉	2000	3000	33.3%	70.0%	23.3%	10.0%	2.33%
	进口牛肉	1200	2000	40.0%	30.0%	12.0%		1.20%
猪肉	日本产猪肉	1200	1500	20.0%	70.0%	14.0%	40.0%	5.60%
	进口猪肉	800	1200	33.3%	30.0%	10.0%		4.00%
鸡肉	日本产鸡肉	800	1000	20.0%	90.0%	18.0%	35.0%	6.30%
	进口鸡肉	700	1000	30.0%	10.0%	3.0%		1.05%
羊肉	进口羊肉	1200	1800	33.3%	100.0%	33.3%	10.0%	3.33%
肉馅	肉馅	700	1000	30.0%	100.0%	30.0%	5.0%	1.50%
合计							100.0%	25.32%

在销售的好时机推出牛肉

销售牛肉的时候，要让消费者充分了解黑毛和牛、品牌牛肉的口感，布置好柜台，进行牛肉的促销活动，这些都非常重要。销售额较高的牛肉，行市低的话加价率就会上涨。

牛排的厚度要达到15毫米以上，柜台布置要有吸引力，牛排展销、烤肉展销也要用牛肉来开展。

每个企业，根据其不同的形态，确保加价的方法也会不一样，但关于基本的理念，任何企业都一样，目的都是为了确保最终的盈利。为了达成这一目标，就要通过数据来布置柜台、捕捉商机。

肉禽部门整体的加价率是由各个畜种（各类商品）的加价率和销售额构成比来决定的。

即使是加价率较高的畜种（商品），如果构成比降低的话，就无法为整体的利润率提升做出贡献。

为了布置出有均衡感的柜台，让加价率较高的商品维持较高的销售额构成比，是一种技巧。

为此，要清楚地了解各商品的加价率是多少，该商品对销售额有多大的作用，这一点非常重要。

还要注意的一点是，如果只关注利润的话，并不能保证销售额。要关注所有商品，并布置出完美的柜台，这样才能确保利润。

肉禽库存管理的重要性

“废弃（损耗）”与人工费用并列为超市的两大开支。该如何降低这个“废弃（损耗）”是创造利润时所面临的一大课题。

废弃（损耗）有2类。订货出错会引起进货过量，导致商品以原材料的形式过了保质期而不得不被废弃。还有一种情况是将原材料加工成商品后在柜台没有售出而不得不被废弃。虽说无论是哪种情况都属于废弃，我们也要分情况来考虑对策。

库存天数和废弃损耗

肉禽部门的库存时间是指从进原料，然后经过加工作业，再到上市出售这样一个过程。越来越多的企业将从进原料到商品通过POS收银机为止，或说到废弃处理为止的“目标天数（库存天数）”设定为“1.5天”。严格来说库存天数就是在不进货的情况下，现在的库存需要多少天能够消耗掉的天数。

库存（消耗）天数通过**库存天数＝库存出售额 ÷ 一天平均销售额**的公式来计算。

通过减少库存天数可以增加商品的周转率，从而保持商品的新鲜度，同时还能减少库存商品资金，给企业带来很大的益处。由于肉禽商品的保质期是固定的，所以从标价到售罄的时间，生食为D+0、鲜肉、半成品为D+1或D+2、冷冻商品为

D+30 左右。

对库存天数影响最大的是从进原料（商品）到上货架陈列这段时期。如果库存天数拖延太久，超过商品保质期的话，就会产生原料废弃损耗。

大家也许会觉得在肉禽商品中这种现象比较少见，但自日本铯污染问题发生以后，商品出现了滞销现象，有一些客源少、销售额不多的店铺，都对原料进行了废弃处理（虽说有些浪费，但过了保质期还偷偷进行销售的行为是被禁止的）。

对库存天数进行彻底管理

对销售额、毛利润进行管理是理所当然的，但在日常工作中关注“库存天数”并进行管理的负责人并不多。

这是因为除了在确定利润的库存盘点外，用不到“库存天数”这一数据。当你感到很多商品的原料已接近保质期的时候，其实已经出现了原料库存过多的状况。所以在随时把握好库存天数的情况下进行日常业务的话，就可以完全避免原料废弃现象的产生。

过量进货的情况

即使进行了日常管理，也时常会出现各种状况，导致过量库存增加。这种情况下，首先要向采购人员、超市主管、店长进行汇报。因为有附近的店铺出现商品不足的情况，可以进行调拨。如果遇到难以解决的情况，第一要务就是进行报告、联系、商量。

在必须由本店来消化原材料的情况下，要确认有没有可能改变商品的加工方法、销售方法。例如，以用于“烤肉”为前提进行的牛后腿肉在加工时，从“烤肉用”变更为“边角肉”来进行。由于柜台布局会发生变化，所以要向上司汇报以后再进行商品加工。

这种情况还有其他处理方法，例如，如果附近的竞争店在搞店内促销活动，进行涮锅用的牛后腿肉的促销，那么我们就不做边角肉而改为加工“涮锅用”商品，以比竞争店更便宜的价格开展限时促销活动。

图表⑦　避免原材料废弃现象产生的检查要点

项目	检查要点
订货	掌握库存量
	确认特卖商品、重点出售商品，避免过量订购
	通过以往的数据：天气、星期、竞争店的信息、售价、进货价、行情来预测销售量
	掌握每天的销售额和订货数量(重量)，以每天所需的最低数量进行订购
进货	确认订购数量和保质期
	确认产品新鲜度和真空包装有无泄漏
冷藏间保管	掌握所需的最低库存量，按商品日期的新旧顺序进行货架管理(定位管理、先入先出)
	把握好库存管理(包括商品种类、数量、保质期等)
库存天数	通过每天减少库存来减少库存天数
	掌握库存相关数据：销售额、毛利润额、盘点存货额、账面存货额、库存天数、商品周转率

图表⑧　库存过多的情况下的工作流程

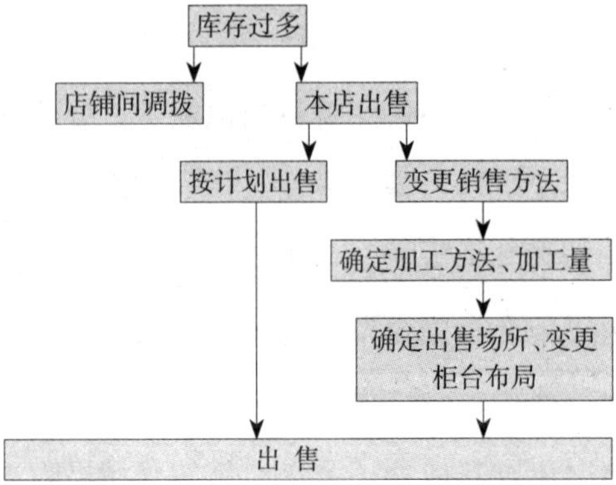

新鲜度的保持和废弃的控制

为了减少商品的废弃，有必要对什么样的商品会成为废弃处理品进行检查。

单从 POS 数据中提取数据解决不了问题，要具体查证什么样的商品会做废弃处理及金额有多少。

对废弃商品进行“ABC 分析”

在考虑如何减少废弃损耗问题的时候，可以对“废弃”进行“ABC 分析”。这种“ABC 分析”有以下特征：

如果对 A 等级的商品实施完全管理，就等于对所有商品的 80% 实施了管理。

A 等级商品的量占所有商品数目的不到二三成。

将原本用于日常销售的商品的“ABC 分析法”用于分析“废弃损耗的商品”，根据实施方法可以将废弃金额的 80% 轻易地纳入可管理范畴。如果是每月产生 10 万日元的废弃损耗的店，8 万日元的废弃金额就变得可以掌控了。这一方法将产生怎样的效果，我们稍加思考就能感觉到其对现状是有改善作用的。

一般用“ABC 分析法”分析 POS 数据的时候，都是要增加 A 等级商品，而对废弃商品进行“ABC 分析”的时候，则要通过减少 A 等级商品来控制商品的废弃。这样，无谓的废弃就能确确实实地减少了。

商品卖剩时的模式

所谓的废弃是指在一定期限内有卖剩现象的产生，消除卖剩现象也就是消除废弃损耗。出现商品的卖剩现象，大概有以下几种原因：

· 商品过量加工（店面商品过多）。

· 新鲜度（商品变色）。

· 肉汁。

· 商品加工（加工过程中产生污染，肉被卷入保鲜膜、托盘之间等）。

· 价格（价格贵，不吸引消费者）。

图表⑨　为消除商品废弃现象的检查要点

项目	检查要点
加工作业	作业间的操作控制在20分钟内完成，严格保持商品新鲜度
预冷	对商品进行20分钟的预冷处理，以延缓变色和新鲜度下降的过程
包装、标价	高效率地进行包装，包装完成的商品迅速运往销售柜台
销售	随时检查商品的陈列数量，发现有肉汁严重渗出的商品，要迅速拿回后备存储间进行适当处理
	注意冷藏柜的温度控制
售罄	根据保质期和新鲜度适时对商品进行降价或废弃处理
月度结算	通过减少每月库存量来降低商品的库存天数
	掌握好库存相关数值(销售额、毛利润、盘点库存量、账面库存量、库存天数、商品周转率)

为避免卖剩需进行的操作

· 在对销售额进行预测的基础上进行商品制作

再没有比由商品生产过剩导致的废弃更让人觉得可惜的了。这是由于对当天销售额目标进行错误估计，或商品制作超出了销售额目标造成的。

不管是哪种原因，只要对销售额目标进行妥善管理，就能避免损失。所以有必要对照到店的顾客数量，重新预测销售额（商品数量）。在此基础上，确认订货金额（订货数量），就可以减少不必要的作业和损耗。

分时间段的商品制造的数量管理

一天当中通常会出现两次销售“高峰期”，第一次是 11 ~ 12 点的午饭前高峰期，第二次是 17 ~ 19 点的傍晚高峰期。

如果不在这两个高峰期内通过“进行特卖，推出广告产品，限时促销，搞特卖会，搞活动”等手段赚取销售额的话，1 天的销售额目标就无法达成。

这个期间不能出现次品，预测这个时间大约能卖出多少商品，然后制订更为详尽的生产计划。根据详尽的生产计划进行商品生产，能够将废弃损耗降到最低限度。开始进行分时间段的生产管理后，还要有意识地进行细致的卖场管理。

因为高峰期商品的销售件数和金额会上升、柜台的商品会减少，所以必须做好补给工作。

反过来说，在这个销售额上涨的时间段里，柜台里的商品售罄后补充，由此会出现3次与开店时间段同样的状态，即出售的商品往往是新鲜度高的优质商品。

备货充足的情况下，开店时的最好状态是指具备以下要素的状态：

①商品的陈列（状态、分量、商品整理）。

②商品新鲜度。

③店内促销、限时优惠的实施。

④顾客服务（开店时的顾客迎接、叫卖、店内广播等）。

在定好的时间段——开店时、12点、18点，能够保持这种状态，提供新鲜的商品的话，柜台的商品就能周转3次。当然，这要以商品销售高峰期柜台百分百完成商品陈列为先决条件，同时高峰期商品实现售罄的状态。

这样，商品就能常保持新鲜良好的状态，新鲜度下降和肉汁渗出的情况就会大幅度减少，废弃损耗也会随之减少。

·进行彻底的新鲜度管理

切片或手工切割的商品要在冷藏间进行预冷，以随时补给柜台。

商品未售完的话，在店内的滞留时间就会变长，所以要尽量缩短这个时间，以缩减库存天数、提高商品新鲜度。

商品在操作间加工的时间要控制在20分钟以内，以保持其新鲜度。因为加工时间一旦超过20分钟，商品的中心温度会持续上升3℃~4℃，新鲜度就会显著恶化。

另外，加工时间一长，被细菌感染的概率会增加，商品与操作人员的手的接触也会变多，所以加工过程要迅速。完成加工的商品在进行包装之前，要在冷库内进行20分钟左右的预冷。

这是因为在加工处理过程中肉的温度会上升，直接进行包装的话，运送至柜台后其温度也难以下降，新鲜度会继续恶化。

通过包装前的预冷，还可以让商品成色展现出最好的状态。

预冷后的商品要进行快速包装、标价，并陈列到柜台。陈列好的商品，要做好新鲜度管理、陈列量、日期的日常检查等工作。

要恰当地处理有肉汁渗出现象的商品、包装破损的商品，以保证销售的商品时刻处在最好的状态。这种情况下，如果还有卖剩的商品，或新鲜度有所下降的商品，要进行“降价处理”，以保证柜台陈列的商品一直处在新鲜的状态。

在操作间和柜台全面实施新鲜度管理，能起到消除废弃损耗的作用。

以“搅拌加工”来保持新鲜度

在日常工作中每天都会有“鲜肉的降价→半价→废弃”这样的连续作业。

但每个时间段，消费者所需要的商品会发生变化。上午的话，消费者多会选购鲜肉，19点以后方便食品就会变得畅销起来。

所以商家在傍晚销售高峰期，会把鲜肉二次加工成腌制食品，以期做到商品售罄。但因为肉禽部门曾给消费者造成过“用变质商品进行腌制加工”的印象，所以我们要用新鲜度较好的肉在较早的阶段进行腌制加工，制成方便商品出售。

·用韩式烤肉消除废弃现象

每天销售的边角肉、肉片，在当天傍晚的时候，可根据顾客需求用搅拌调料进行二次加工，加工成韩式商品。如今腌制肉类商品在全国都有出售，因韩流热潮，韩式腌制商品非常受欢迎。其中还有1千克、1.5千克的大包装商品出售。

商品在加工时，不是将调料撒在肉上，而是要用大盘将肉和调料充分搅拌。

加入洋葱丝一起搅拌，装盘后满满地撒上葱花和白芝麻。

重量一般1盒200克、300克、500克，或者更多，可根据店铺需求进行调整，1千克、1.5千克的包装也很畅销。要突出方便和经济实惠的特点。价位方面，进口牛肉一般以100克88日元、98日元、100日元、128日元价格带出售，价位设定要EDLP（Everyday Low Price天天平价，简称EDLP）化。

消除商品废弃的第一步是了解柜台的销售情况。做好新鲜度管理和柜台管理两项工作就可以减少废弃。

商品管理做得到位的店铺废弃现象就少。进行好柜台管理可以提升毛利润。

将调料充分搅拌

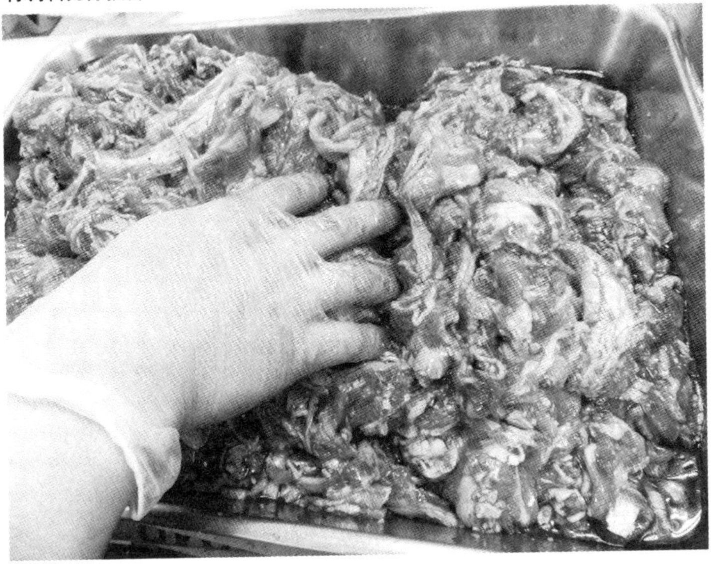

（搅拌加工烤肉）调味牛肉 韩式烤肉用

“服务的细节”系列

《卖得好的陈列》：日本“卖场设计第一人”永岛幸夫

定价：26.00 元

《为何顾客会在店里生气》：家电卖场销售人员必读

定价：26.00 元

《完全餐饮店》：一本旨在长期适用的餐饮店经营实务书

定价：32.00 元

《完全商品陈列 115 例》：畅销的陈列就是将消费心理可视化

定价：30.00 元

《让顾客爱上店铺 1——东急手创馆》：零售业的非一般热销秘诀

定价：29.00 元

《如何让顾客的不满产生利润》：重印 25 次之多的服务学经典著作

定价：29.00 元

《新川服务圣经——餐饮店员工必学的 52 条待客之道》：日本“服务之神”新川义弘亲授服务论

定价：23.00 元

《让顾客爱上店铺 2——三宅一生》：日本最著名奢侈品品牌、时尚设计与商业活动完美平衡的典范

定价：28.00 元

《摸过顾客的脚才能卖对鞋》：你所不知道的服务技巧，鞋子卖场销售的第一本书

定价：22.00 元

《繁荣店的问卷调查术》：成就服务业旺铺的问卷调查术

定价：26.00 元

《菜鸟餐饮店 30 天繁荣记》：帮助无数经营不善的店铺起死回生的日本餐饮第一顾问

定价：28.00 元

《最勾引顾客的招牌》：成功的招牌是最好的营销，好招牌分分钟替你召顾客！

定价：36.00 元

《会切西红柿，就能做餐饮》：没有比餐饮更好做的卖卖！ 饭店经营的“用户体验学”。

定价：28.00 元

《制造型零售业——7-ELEVEn 的服务升级》：看日本人如何将美国人经营破产的便利店打造为全球连锁便利店 NO. 1！

定价：38.00 元

《店铺防盗》：7大步骤消灭外盗，11种方法杜绝内盗，最强大店铺防盗书！

定价：28.00元

《中小企业自媒体集客术》：教你玩转拉动型销售的7大自媒体集客工具，让顾客主动找上门！

定价：36.00元

《敢挑选顾客的店铺才能赚钱》：日本店铺招牌设计第一人亲授打造各行业旺铺的真实成功案例

定价：32.00元

《餐饮店投诉应对术》：日本23家顶级餐饮集团投诉应对标准手册，迄今为止最全面最权威最专业的餐饮业投诉应对书。

定价：28.00元

《大数据时代的社区小店》：大数据的小店实践先驱者、海尔电器的日本教练传授小店经营的数据之道

定价：28.00元

《线下体验店》：日本“体验式销售法”第一人教你如何赋予O2O最完美的着地！

定价：32.00元

《服务的细节 033：零售现场力》：全世界销售额第一名的三越伊势丹董事长经营思想之集大成，不仅仅是零售业，对整个服务业来说，现场力都是第一要素。

定价：38. 00 元

《服务的细节 034：别人家的店为什么卖得好》：畅销商品、人气旺铺的销售秘密到底在哪里？ 到底应该怎么学？ 人人都能玩得转的超简明 MBA

定价：38. 00 元

《服务的细节 035： 顶级销售员做单训练》：世界超级销售员亲述做单心得，亲手培养出数千名优秀销售员！日文原版自出版后每月加印 3 次，销售人员做单必备。

定价：38. 00 元

《服务的细节 036：店长手绘 POP 引流术》：专治“顾客门前走，就是不进门“，让你顾客盈门、营业额不断上涨的 POP 引流术！

定价：39. 80 元

《服务的细节 037：不懂大数据，怎么做餐饮？》：餐饮店倒闭的最大原因就是“讨厌数据的糊涂账”经营模式。

定价：38. 00 元

《服务的细节 038：零售店长就该这么干》：电商时代的实体店长自我变革。

定价：38. 00 元

更多本系列精品图书，敬请期待！

图书在版编目（CIP）数据

生鲜超市工作手册．肉禽篇 / 日本《食品商业》编辑部 编；余湘萍 译．
—北京：东方出版社，2016.5
（服务的细节；040）
ISBN 978-7-5060-9051-3

Ⅰ.①生… Ⅱ.①日… ②余… Ⅲ.①超市—商业服务—手册 Ⅳ.① F717.6-62

中国版本图书馆 CIP 数据核字（2016）第 115500 号

服务的细节 040：生鲜超市工作手册肉禽篇
（FUWU DE XIJIE 040:SHENGXIANCHAOSHI GONGZUOSHOUCE ROUQINPIAN）

编　　者：日本《食品商业》编辑部
译　　者：余湘萍
责任编辑：吴　婕　高琛倩
出　　版：东方出版社
发　　行：人民东方出版传媒有限公司
地　　址：北京市东城区东四十条 113 号
邮政编码：100007
印　　刷：北京汇林印务有限公司
版　　次：2016 年 6 月第 1 版
印　　次：2016 年 6 月第 1 次印刷
印　　数：1-7800 册
开　　本：880 毫米 ×1230 毫米　1/32
印　　张：8.125
字　　数：155 千字
书　　号：ISBN 978-7-5060-9051-3
定　　价：38.00 元
发行电话：（010）85924663　85924644　85924641